文庫

33-615-9

神・人間及び人間の幸福に関する短論文

スピノザ著
畠中尚志訳

岩波書店

Benedictus de Spinoza

KORTE VERHANDELING VAN GOD, DE MENSCH EN DESZELFS WELSTAND

目次

はしがき

一、「神・人間及び人間の幸福に關する短論文」(Korte Verhandeling van God, de Mensch en deszelfs Welstand)——簡單に言つて「短論文」——は、スピノザが二十七八歳の頃、後年の「エチカ」とほぼ同じ題材を幾何學的形式ならぬ普通の形式でまとめ上げた作品であつて、スピノザ哲學の大綱を知るための好適な書であり、同時に又、スピノザの思想發展の經路をたどる上に缺くことの出來ない書である。

一、「短論文」は初めラテン語で書かれたものと見られるが、現在殘つてゐるのは十七世紀のやゝ古形のオランダ語で書かれたものだけである。本書はこのオランダ語から直接譯出された。底本としてはゲプハルト版(ハイデルベルヒ版)「スピノザ全集」第一卷中の同書を用ひた。

一、この邦譯中〔 〕印はその中の句が譯者の略註乃至補語であることを示す。又〈 〉印はその中の句がスピノザ自身のものでなくスピノザの原稿を今の「短論文」の形にまとめ上げた編輯者(又は後の筆寫者)のものであるとゲプハルト版に於て推定されてゐるものであることを示す(ゲプハルト版ではこの場合〔 〕印を用ひてゐるが、〔 〕印はこの邦譯に於ては、本文庫で出てゐる他のスピノザの諸著の邦譯に於けると一貫して譯者の略註乃至補語を示すに用ひてゐるから、それと區別するために〈 〉印を用ひた)。

一、「短論文」の成立の由來並びにスピノザ哲學に於るその位置については改めて解説の中で述べる。

昭和二十九年秋

譯　者

解説

「短論文」はスピノザが自己の哲學體系をまとめ上げようとした最初の試みである。しかしそれは彼の生前中には公表されず、彼の死んだ年に出た「遺稿集」の中にも入れられてゐない。この書は彼の死後約二世紀近く經つて卽ち十九世紀の後半になつて發見されたオランダ語の寫本に依つて初めて一般學界に知られるに至つた。だが、この書の存在は、既に古くから一部の人には知られてゐた。

スピノザが夙にその教說を非幾何學的形式で書いてゐたことに關して殘つてゐる最初の證據は、一六六二年始めのものと推定されるスピノザ自身の書簡（書簡第六）の一節である。彼はこの書簡の中でオルデンブルクに大略次のやうに書いてゐる。

「……ところで貴下の新しい質問、卽ち如何にして事物が存在しはじめたか、又如何なる連鎖でそれが第一原因に依據してゐるかに關して言へば、私はこの件について、並びに又知性の改善について、まとまつた一小著を作成し、今その淸書と訂正に從事してゐます。しかし……出版の曉には、現代の神學者たちが憤激して、爭ひ事を極度に嫌ふこの私に、彼らの常とする憎念を以つて迫り來らんことを私は恐れてゐます。この點に關して貴下の御意見をお聞きしたいのです。それで私は貴下に、この著作の中で、神の教を說く人たちの憤激を買ふだらうと思はれる個所をお知らせするならば、それは、彼らと言はずすべての人々が神の屬性と見てゐるものを私は被造物と思考し、これに反して、彼らが先入見に捉はれて被造物と思考してゐる他のことどもを私は神の屬性と見、彼らの考への誤解であることを主張してゐることです。それから又私は、私の知つてゐるすべての人々の如くには、神を自然から離して考へてゐないことです……」。(傍點は譯者、以下同樣)

つまり彼は當時、彼の認識論と形而上學とを一冊の書物にまとめようとしてゐたのである。これは結局完成されなかつたが、その頃既にさうしたものが大體出來上つてゐたことはこの書簡で明らかである。その認識論的部分は今日、未完の「知性改善論」として我々に殘されてゐるが、一方、前記書簡に示唆されてゐる内容を有する形而上學的部分は、現在の「短論文」を除いてはこれに該當するものがないのである。又スピノザが、既に一應出來上つてゐた自己の形而上學をその後更に訂正してゐたことは、「短論文」の中の幾つかの傍註がこれを裏書きする(岩波文庫「知性改善論」解說參照)。そして上記書簡に於ける淸書なる文字は「改善論」に關係し、訂正なる文字は「短論文」に關係してゐるやうに見える。

次に一六六六年のロデウェーク・マイエルの一文である。L・マイエルはデカルト主義者であり、又スピノザの親友であつた。彼はスピノザをデカルト哲學の眞の後繼者と見、その三年前にはスピノザ著「デカルトの哲學原理」を出版し且つこれに序文を附してゐるのであるが、このL・マイエルはその著「聖書の解釋者としての哲學」の跋文の終りにかう書いてゐる。

「更に次のやうな確實な希望が我々にほゝゑんでゐる。それは、かの哲學の偉大なる革新者で擴大者たるルネ・デカルトが學界のため燈火を掲げて身自ら先導となつた現代に於ける哲學の領域が彼の後を繼がうとする他の人々に依つて深く廣く開拓されるであらう、そして神・理性的精神・人間の最高幸福に關する敎說並びに永遠の生の獲得に關する他の同樣の敎說が彼らに依つて闡明されるであらう、といふ希望である。これらの敎說は新約舊約兩聖書の解釋に資するところ大なるものがあるであらう」。

初め匿名で出されたこの「聖書の解釋者としての哲學」は一時スピノザの著書と誤まられたほどスピノザ的思想を含んでをり、又この跋文はスピノザ著「デカルトの哲學原理」へＬ・マイエルが書いた序文の繼續と見られる內容を有してゐるのであつて、ここにある「彼の後を繼がうとする他の人々」とは主としてスピノザを意味し、又「神・理性的精神・人間の最高幸福について」(de Deo, Anima rationali, summa hominis felicitate) なる句は或る時期に於ける「短論文」のラテン語の標題を表はしたものと考へられてゐる。

更に一六七七年スピノザの親友ヤーラッハ・イエレスが「蘭譯スピノザ遺稿集」に附した序文にかうある。

「誰かのところにまだ我が哲學者の書いたものでここ〔遺稿集〕にないものが何か殘つてゐると信じられてゐるが、その中にはここに屢〻論ぜられてゐないやうな何物も見出されないと思つてよい」。

イエレスがこれを書いた時念頭に置いたのは主として「短論文」のことであつたと思はれる。彼としては、「エチカ」が立派に殘された以上、同じ題材を取り扱つた若き日の「短論文」は特に名指す程重大であるとは信じなかつたのであらう。

しかし我々が「短論文」についてのもつと具體的な報告に接するのは十八世紀に入つてからである。

一七〇三年、シレジアの若い學徒たちがオランダを旅行した。その中に後で（一七一七年）イエナ大學の政治學教授となつたゴットリーブ・ストレとその從者ドクトル・ハルマンがあつた。この二人は、アムステルダムで、スピノザの著作の出版者として有名だつたヤン・リューウェルツの子たる同名ヤン・リューウェルツに會つたのであるが、このリューウェルツは父子二代に亙るスピノザへの愛を數々の思ひ出の中に語り、且つ若干のスピノザの著作の寫本を見せてくれた。これについてストレはその旅行日記にかう書いてゐる。

「……この後で彼〔子リューウェルツ〕はもう一册の寫本を取り出した。これはやはり彼の父がスピノザ自身の書いたもの（?）から寫し取つたものであつた。そしてこれはスピノザが最初に仕上げたところの「エチカ」――オランダ語の「エチカ」であつた。この「エチカ」は印刷された「エチカ」とは全く異つた仕組で出來てゐた。印刷された「エチカ」ではすべてが難解な數學的方法に從つて述べられてゐるのに對し、書かれた「エチカ」はすべて章に分たれ、そしていちいち技巧的證明を用ひることなく、逐次順を追うて論述されてをり、この點「神學・政治論」と同一であつた。リューウェルツは、印刷された「エチカ」の方がこの書かれた「エチカ」よりずつとよく出來てゐると證言した。しかし後者の中には前者の中に刷られてゐない別なものが入つてゐることを彼は認めた。彼は私に特に惡魔に關する一章――順序から言つて第二十一章(?)に當る――を示した。これは印刷された「エチカ」にはないものであつた。この章の中でスピノザは惡魔の存在に關する問題を論じ、先づ、惡魔とは神的本質と相反する靈でありそしてそれは自己の本質を自己自らに依つて有するものであるといふ定義を吟味してゐた。この意味に於てスピノザは惡魔の存在を否定してゐるやうに見えた。この書物は、リューウェルツの言ふところに依れば、スピノザの若干の友人に依つて寫し取られたがしかし決して印刷されなかつた。そのわけは、ラテン語の「エチカ」の方がもつと整然とそして見事に編纂され、これに反して捨て置きにされた「エチカ」の方はあまりにも自由に書かれたからだと言ふにあつた。この寫本は三十六綴りから成り、幾分ゆつたりと書かれてゐた。その外に彼は私に「神學・政治論」のオランダ譯の寫本をも示した。この本については彼はしかし著者を全く遺憾に思つてゐた」。(?印も譯者)

この報告には、ストレたちの聞き違ひと思はれる一、二の些小な誤謬(前掲引用文の中で?印を附した個所)が含まれてゐるやうであるとはいへ、報告全體としての眞正性は疑ふべくもない。そして今「神學・政治論」が「短論文」と結合して示されたといふことも、後に述べるやうに、極めて意味ある事實であつた。この日記は一七〇四年に書かれ、實際には一八四七年まで出版されなかつたが、ストレは既に一七一八年「學問の歴史への簡單な手引き」の中で彼の見たこの寫本について繰り返して語つてゐる。一七三一年に出たJ・F・ライムマンの「神學書目錄」や一七四〇年に出たJ・C・ミリウスの「匿名著作家及び僞名著作家の圖書目錄」の中に「惡魔の章を含むオランダ語のエチカ」として擧げられてゐるのはこのストレの報告に基づくものである。

しかし世人はこの書を積極的に入手しようとする努力を示す様子はなかつた。スピノザは當時無神論者の王として恐れられてをり、彼の瀆神的な書を更にもう一册加へることは學者（ストレやハルマンをも含めて）にとつても必ずしも歡迎すべきことでなかつたからである。

しかしこの頃からやうやくスピノザ再認識の機運が萠してきた。一七五七年ニュールンベルクの學者C・T・ムルは「スピノザ遺稿集」に收められてゐない作品を求めてオランダへ旅行した。この意味で彼は近代スピノザ研究の最初の人とも言はれる。彼は主としてスピノザがユダヤ敎會破門の際スペイン語で書いて提出したとされる「辯明書」を探しに行つたのであるが、これは得られず、彼の得たものは「神學・政治論」の註のラテン語の寫本、及び、「エチカは最初オランダ語で書かれ、惡魔の章を含み、後で幾何學的形式でラテン語に譯された」といふ報告だけであつた。そして上記の如き機運にもかゝはらずその後一世紀の間「短論文」に關する何らの新しい收穫がもたらされなかつた。ただパウルスが、その編んだ最初のスピノザ全集（一八〇三年）の序の中で、このムルの言葉と前記ミリウスの報告を擧げてゐるに止まる。

十九世紀後半の最初の年、卽ち一八五一年の秋に、ハレの若い神學者エドワード・ベーメルはスピノザの哲學と生活に關する遺品を求めてオランダへ旅行したが、この旅で彼はアムステルダムの有名な書籍商のフレデリック・ミュラーからコレルス著のスピノザ傳のオランダ語原本を一部入手した。コレルスのスピノザ傳はその第十二章にスピノザの未刊の諸著作について語つてゐるのであるが、今ベーメルの得たコレルス本のその章の下には、オランダ語で次のやうな文が書き込まれてあつた。

「若干の哲學愛好者たちの手許には、筆寫されたスピノザの或る論文が殘つてゐる。これは印刷された彼の「エチカ」の樣に數學的方法で構成されてゐないが、「エチカ」と同一思想、同一題材を含んでゐる。その筆致と傾向から見て、この論文は著者の最初期の作品に屬することが容易に分る。彼は、時の經過と共に、自己の敎說の草案としてのこの論文に基づいて彼の「エチカ」を作成した。そしてこの後者では、同じ題材が幾何學的秩序の下に一層よく彫琢され一層多く發展させられてゐるが、さうした數學的秩序そのものが形而上學的題材には全く普通でない珍奇なものであり、人々はそれに慣れてゐないので、これは多くの人々にとつて初めの論文より難解になつてゐる。この初めの論文はその附錄の最初の少しばかりが數學的秩序に從つて敍述されてゐるだけなのである」。

收穫はこれのみではなかつた。ベーメルの入手したコレルス本の終りには、この書き入れと全く同じ筆蹟で、「神學・政治論」の註のオランダ譯、そして更に「短論文」のかなり詳しいオランダ語の梗概が附されてあつた。ベーメルはこれをハレの大學圖書館に交附したが、自らもオランダ語のこの梗概を、そのラテン語譯を附して、翌一八五二年出版した。これが所謂「ベーメルの梗概」(Boehmers Korte Schetz) である。これに依つて世人の「短論文」に對する關心は一段高まつたのであつた。

その後まもなくのこと、このコレルス本をベーメルに賣つた前記の書籍商フレデリック・ミュラーが「短論文」の原稿そのものを、或る競賣で手に入れたのである。これが現在寫本Bと呼ばれるところのものである。ミュラーは、その頃新しく發見されてゐたスピノザの若干書簡及び

「虹に關する論文」と共に、この「短論文」の出版を、當時のオランダのスピノザ研究家J・ファン・フローテンに托した。フローテンがその準備中、ロッテルダムの詩人アドリアン・ボハールスは更に自分の藏書の中から「短論文」の別種の寫本——前のよりやゝ古い——を發見した（一八六一年）。これが現在寫本Aと呼ばれるところのものである。フローテンは一八六二年寫本Bに基づき、不明なところは寫本Aを參照して、「スピノザ著作補遺」の中に初めて「短論文」のテキスト——ラテン語譯をも添へて——を發表した。これに對し、一八六九年、ボンの大學圖書館長C・シャールシュミットは、Aのみが眞の稿本であるといふ見解から、Aに依る「短論文」のテキストを出版した。この見解は、後述の如く、それ自體としては正しいのであるが、彼の出版したものは不備な寫本Aの再現に止まり批判的なものを含んでゐないことは、當時として止むを得なかつたであらう。又彼はこれと同時に、初めてのドイツ譯を出版した。翌七〇年、チュウビンゲンの大學教授C・ジグワルトは第二のドイツ譯を出した。これは正確なものであつて今日尚我々の參考とするに足りるが、たゞジグワルトは寫本を自ら檢討したのでなく、寫本Bをミュラーからゆづられたアントニュース・ファン・デル・リンデの手に成る寫本AB比較表に基づいたもので、Aを主としBにも獨立的價値を置いたものであつた。「短論文」が初めてスピノザ全集の中に收められたのは、フローテンとランドに依る第五回目のスピノザ全集（第一版一八八二年・第二版一八九五年・第三版一九一四年）である。これはAB兩寫本に同等の價値を置いて編纂されたものであり充分正確なものとはいへぬが廣く一般に流布された。このやうに、Aのみが眞の稿本たるべしといふシャールシュミットの見解が一時無視されてゐたが、カール・ゲプハルトはシャールシュミットのこの見解を再び活かし、一九二四年編纂のスピノザ全集の中に初めて信賴すべき「短論文」のテキストを發表し、そしてその卷頭には「ベーメルの梗概」を添へた。

尙、寫本A並びに寫本Bは、現在、共にハーグの王立圖書館に保存されてゐる。

「短論文」の理解のためには先づ寫本A及び寫本Bの性格とその成立事情を檢討することが絕對に必要である。

先づ寫本Bからにしよう。

寫本Bは、これを最初に發見したフレデリック・ミュラーの言に依れば、羊皮紙裝幀の二卷から成つてをり、第一卷はオランダ語の長い序文、オランダ語の「短論文」、及び「神學・政治論」の註のオランダ譯を含み、第二卷は「デカルトの哲學原理」のオランダ譯を含んでゐた。この第二卷はその後間もなく失はれたから、今それから何らかの歸結を引き出すことは不可能である。第一卷即ち今日寫本Bと呼ばれてゐるものについて言へば、それはベーメルが得たコレルス本の中の書き入れ及び「ベーメルの梗概」と筆蹟が全く同一なのであり、そしてこれらの筆蹟は、寫本Bをミュラーからゆづられた前記ファン・デル・リンデがミュラーの調査の結果として傳へるところに依れば、十八世紀のアムステルダムの篤學の醫者ヨハネス・モニコフ（一七〇七―一七八七年）のものである。ミュラーのこの推定は、その後すべての研究者の確認するところである。何故なら、モニコフはその私淑した同國の神學者兼デカルト主義者たるウィルレム・デュウルホフの著書を七五〇〇頁も丹念に筆寫してゐるが、このモニコフの寫本の大部は今日ハーグの圖書館に保存されてるので、これをやはりハーグにある寫本Bと比較すれば（現に我々も兩者の寫眞版に依つてこれを比較することが出來る）、その同一筆蹟なることが直ちに判明するからである。そして、寫本Bの序文の中にはアムステルダムに於けるスピノザの生家が一七四三年に改築されたことが述べられてゐるから、寫本Bは一七四三年以後に出來たものと推定される。この寫本Bの序文はスピノザの傳記と「短論文」の梗概を含み、そのうちスピノザの傳記の方はコレルスの書いた傳記を主要材料としそれに若干の新しい材料を附加したものであり、梗概の方は「ベーメルの梗概」と殆ど同一であつてそれを所々少し訂正しただけである。そして寫本Bの中の「短論文」と「神學・政治論」の註はモニコフが他から筆寫したものであるのに對し、この序文は一般にモニコフの作と見られてゐるが、若しさうだとすれば、この序文の中の梗概とほぼ同一內容たる「ベーメルの梗概」もモニコフの作であることになるであらう。しかし又「ベーメルの梗概」が他の人の作だとすれば（これについては後述）、モニコフの梗概は既に在つた「ベーメルの梗概」を若干訂正して筆寫したものだといふことになる。兎に角「ベーメルの梗概」の方がモニコフの序文の中にある梗概の最初の形であることだけは確實である。

さてモニコフは寫本Bの「短論文」を何から筆寫したのであらうか。

それは寫本Aから筆寫したのである。寫本Aをモニコフが所有し且つ利用したことは、寫本Aの中に寫本Bと同一筆蹟卽ちモニコフの筆蹟で多くの附加がなされてゐることから明らかである。例へば、寫本Aの中の頁の欄外に於ける章名の見出しや頁數の見出しはモニコフの筆である。又

Aのテキストの所々に字を加へたり、讀みにくい註を書き直したりしてゐるのもモニコフの筆である。寫本Aの初めの方にスピノザの肖像を挿入し、それと對する頁にスピノザに關する二聯の詩を附したのもモニコフである。このやうにモニコフは寫本Aを所有し、これを訂正し、そしてそれを基として寫本Bを成したのであるが、今AとBとの內容を比較するに多くの相違はある。この點を重要視する人は、モニコフがBを筆寫するに當り寫本Aの他に別に他の寫本(假に寫本Cと名づける)があつてそれをも利用したと想定する。例へばジグワルト、そしてスピノザの諸著の英譯者として知られてゐるウォルフも恐らくさうであり、かうした人々は「短論文」のテキストを定めるのにAとBを等價値と見做してゐる。しかしAとBの相違をつぶさに觀察すれば、その相違はすべて末梢的なものである。例へば、Aでは註や附加文が時に頁の上下左右に一ぱいにあつてどれが本文か註か不明であるに對しBは外觀がきれいに整理されて表現も圓滑であるとか、Aでピリオドやコンマがそのあるべきところでない個所に附されてあるのをBで訂正してあるとか、Aがラテン語のタームのままで殘してあるところをBでオランダ語化してあるとか、Aの中には本文の說明のための註のほか本文の內容を摘要した多くの蛇足的傍註を附してあるのをBで皆除いてゐるとか、Aにある多くのしかし些細な誤りをBで訂正してあるとかの類である。その他、Bに於けるAとの幾分大きな相違(Aにあつて Bには除かれてある若干の文や句、又逆にAになくてBにのみある僅かの文や句)といへどもA以外の寫本の存在を前提しなければ說明され得ないやうなものではない。又若し寫本Cが存在したならBで訂正されてゐたであらうと思はれるAB共通の誤りも幾つかある。これで見るに、モニコフがBを作成するに當つて單に寫本

Aのみに依り、後は自己の判斷に於て訂正したと見るのが妥當である。この說をとるのは旣述シャールシュミットであり、ドゥニン・ボルコフスキーやゲプハルトもさうである。かくの如くとすれば、寫本Aは、たとへ外形に多くの缺陷があつても現在の我々にとつて依據すべき唯一のテキストであり、これに反して寫本Bは、たとへ所々Aのテキストを訂正してあつても、單に我々の參考になり得るに止まり、それが直ちに我々の上に權威を有し得るものではない。換言すれば、後代の研究者はモニコフと同等の立場で獨自の批判眼を以つて寫本Aに對し得るのである。この意味でゲプハルトが寫本Aと寫本Bを同列に置くのを好まず、Aにのみ稿本の名を與へBは單にモニコフ本と名づけてゐるのは當然と言はねばならぬ。

然らば現在の我々にとつて依據すべき唯一の寫本たるAはどんなものであるか。

寫本Aは赤い背皮の付いた紙表紙を持つた二つ折《フオリオ》型の部厚な書で、その表紙はモニコフがつけかへたものと見られるが、中味そのものは寫本Bより一層色があせて十七世紀のやや古風なオランダ語で書かれてゐる。そして「短論文」、「神學・政治論」のオランダ譯、「神學・政治論」の註のオランダ譯（最後のものだけが別人の筆蹟）を一冊の中に含み、そのうち「短論文」は四十七綴り（一八八頁）から成つてゐる。これが誰の手に依つて書かれたかにつきシャールシュミットは前記モニコフの師デュウルホフ（一六五〇―一七一七年）を想定してをり、これを信じてゐた人も多い。これは現在殘つてゐるモニコフの筆寫物の殆ど全部がデュウルホフの著書であつたことからの類推である。しかしオランダのスピノザ研究家W・マイエルがデュウルホフの筆蹟として殘つてゐる唯一のものたるデュウルホフの署名と寫本Aとを目のあたり比べてその異なることを言明してゐるのだから、我々はこれに從つてデュウルホフ筆寫說を放棄するより外ない。それに寫本Aの扉にある短い序文（本書五〇頁）の內容はスピノザへの絕對的讃美者の筆なるを思はせるがデュウルホフはそれ程の立場にあつた人物ではない。尤もモニコフは寫本Aが一時デュウルホフの所有であつた（デュウルホフ自身がその筆寫者でなかつたとしても）といふ機緣でこれを書き寫したのであるといふ程度の推定は充分なし得る。尙又この推定を是認した上で前記「ベーメルの梗概」はこのデュウルホフに依つて作られたものだといふ見方がある。そして「ベーメルの梗概」の作者が、一般に認められてゐる如くモニコフであるか、それとも一部の人の言ふ如くデュウルホフであるか、その二者の一を選ばねばならぬとすれば、私はむしろデュウルホフ說をとる。何故なら「ベーメルの梗概」はスピノザの決定論を「誤まれる原則」（本書四二頁二行）と見做す人に依つて作られたのであるが、モニコフは寫本Aの初めにスピノザに好意的な詩を附してゐることから推してさうしたことを自ら書くとは考へられぬに反し、デュウルホフは幾分スピノザからの影響を受けたとはいへ最後までデカルト主義者に止まつてゐてスピノザの哲學を必ずしも受け入れてゐない人間だからである。

前記W・マイエルはその「現代オランダ語譯短論文」の序文の中で寫本Aはかつてスピノザの親友ヤーラッハ・イエレスの手許にあつたものであらうとしてゐる。寫本Aとイエレスとの關係は確かに有り得るのであり、マイエルのこの推定は検討に値する。イエレスは香料商人でラテン語を知らなかつたが、眞理とスピノザ哲學を愛すること甚しく、自己のため又世人のためにスピノザの諸著作の蘭語化に最も努力した人であつた。スピノザの「デカルトの哲學原理」のラテン語原本及びオランダ語譯の出版の費用を出したのは彼であつたし、又そのオランダ語譯をピーテル・バリングに依頼したのも彼であつたらしい。後年「國家論」執筆をスピノザにすすめたのも彼であつた。「蘭譯遺稿集」の序文を書いたのも彼であるとされる。その彼が、オランダ語で書かれた「短論文」や「神學・政治論」のオランダ譯の成立と保存とに重大な一役を演じたことは充分想像される。「短論文」については後で述べるところで明らかになるであらうからここでは差し當り「神學・政治論」について語らう。スピノザは一六七一年特にイエレスに對し、「神學・政治論」のオランダ譯出版はラテン語原本の發賣禁止をも招く恐れがあるから早速その計畫を中止するやうにと頼んでゐる（書簡第四十四）。一方又寫本Aの「神學・政治論」は一六九三年になつて初めて出版されたフラゼマーケルに依る「神學・政治論」のオランダ譯と實質的に同一物であるが*フラゼマーケルに依るこのオランダ譯の原稿は「譯者にその仕事を頼んだ人の許に殘つてゐる」ことが當時の或る**書の中に記されてゐる。これらを綜合するに、フラゼマーケルに依る「神學・政治論」のオランダ譯卽ち寫本Aの「神學・政治論」の原稿は當時イエレスの許にあつたこと、又「神學・政治論」をオランダ語に譯すことをフラゼマーケルに頼んだのもイエレスであつたこと、さればこそスピノザはその出版の中止を特にイエレスに依頼したのであることが充分考へられる。更に一歩進んでイエレスが、その成立に自分の關係し・且つ當時その出版の見込がなくなつてゐた「短論文」と「神學・政治論」のオランダ譯（といふのは、前者は初めは出版の筈であつたが時の經過と共にスピノザ自身その出版を放棄してゐたし、又後者は前述の理由に依り出版を見合せざるを得なかつたから）を今寫本Aに見るやうに一緒にまとめて保存して置いたことも充分考へられるのである。

* 寫本Aの中の「神學・政治論」と一六九三年出版の「神學・政治論」とは內容に若干の小さなくひ違ひがあるので一時これは異種の蘭譯と見られてゐたが近時の詳細な比較硏究に依りこの二者は結局同一の蘭譯であることが確認されてゐる。Chronicon Spinozanum IV. 271—278 參照。

** これは「愛神者の生涯の繼續」(Vervolg van't Leven van Philopater, Groeningen 1697) なる書の中に記されてある。この書（著者が誰であつたかについては色々推定されてゐるが正確なことはまだ分つてゐない）は當時のオランダに於ける神學的哲學者たちや哲學的神學者たちのいとなみを物語風に書いた珍らしい書で全體がスピノザ哲學の精神に依つて貫かれ、ボルコフスキーはこれを「最初のスピノザ・ロマン」とさへ言つてゐる。前記一六九三年出版の「神學・政治論」の譯者がフラゼマーケル——セネカやモンテーニユやデカルトの諸著の蘭譯者として知られたる——であつたといふ事實もこの「愛神者の生涯の繼續」の中の記述から初めて世に知られたのである。

しかしW・マイエルの主張するやうにイエレスのまとめた「短論文」の原稿（假にイエレス稿本と名づける）と現在の寫本Aのそれとを同一物であると見るのは承認し難い。寫本Aはイエレスの最初の稿本そのものと見るにはあまりに輕率な誤記や脫落があり過ぎる。例へば、寫本Aは若干の蘭語をそれと外形の似たしかし意味の全く異なる他の蘭語と誤讀して書いてゐる。allervrijste（最も自由な）とあつた筈のところを allerwijste（最も賢明な）と書いたり（九二頁三行參照）、maar（ほかならず）とあつた筈のところを waare（眞の）と書いたり（一五六頁九行參照）してゐる如きである。* 又もとの原稿にはあつた筈の頁付けが寫本Aのそれには屢〻書かれてゐない。** 畢竟寫本Aはイエレス稿本の筆寫物——理解力の充分とは言へない何らかの人間に依る筆寫物にほかならないと見なければならぬのである。

なほ又以上の觀察からして、寫本Aの「短論文」が何時頃成つたかも見當つけられる。即ち「神學・政治論」のオランダ譯は一六九三年になつて出版され、更に翌九四年その異版が出てゐるので、その後になつてそんな厖大な作品の寫しをわざわざ取るといふことは考へられないから、寫本Aの「神學・政治論」のオランダ譯は一六九三年以前に筆寫されたものであり、從つてこれと同一筆蹟に依つて書かれこれと同じ古さをしてをりその上これと結合して保存されてゐる「短論文」も一六九三年以前に筆寫されたものであるといふことになる。そしてこれは寫本Aの中味が一七四三年以後のものたる寫本Bより色あせてゐることや十七世紀の古風なオランダ語で書かれてゐるといふ前述の觀察とも合致する。

* これで見ても寫本Aは學問見識の具はれる人物に依つて筆寫されたのでないこと明らかであり、この點からだけでも前述のデュウルホフ筆寫說は否定される。

** 本書一七二頁一三行、一八四頁五行以下、一九二頁一行及び本書二部二〇章への譯者註四參照。

寫本Aが假想のイエレス稿本そのものでないことは今述べた通りだが、それならストレがアムステルダムの子リューウェルッの許で見たといふ「短論文」の寫本はこの二者とどんな關係にあつたらうか。先づそれは父リューウェルッの手で筆寫されたものだといふからイエレス稿本と別物であることは明らかである。一方ストレの見たのは本の型は不明だが三十六綴りから成つてゐたのに對し、寫本Aのそれは二つ折型本四十七綴りから成つてゐるから、この兩者も別物である。このやうにイエレス稿本とストレの見た寫本と寫本Aとはそれぞれ異なつたものであるが、しかし三者の間には密接な關係があつた筈である。つまりストレの見た寫本も、寫本Aも、イエレス稿本の筆寫にほかならないのである。さればこそこの兩者に於てはイエレス稿本の場合のやうに「短論文」が「神學・政治論」のオランダ譯と結合して殘つてゐたのである（ストレが見た寫本はスピノザ自身の書いたものから寫し取られたとあつたが、スピノザが自ら現在の形の「短論文」を書いたことは考へられないのであり、この個所はストレの報告に惡魔の章が二十一章にある——實は二十五章——と書かれてある個所と共にストレの聞き違ひであると認められる。尤も惡魔の章を二十一章に含む現在の形と異なつた「短論文」をスピノザ自身が書いたと想定すれば別であるが、他に何らの依りどころのないさうした想像を漫然とすることは許されない）。

以上は寫本A及び寫本Bについての考察であつたが、問題は更にもう一つ先へ進まねばならぬ。それは卽ち寫本Aの基となつたイエレス稿本、或はそのイエレス稿本のオリヂナルであつたであらうラテン語の「短論文」が如何にして成立したか、又「短論文」は最初果してラテン語で書かれたのかそれともオランダ語で書かれたのかといふことである。

「短論文」はストレの報告、ライムマンやミリウスの目錄、ムルの報告等の中では「惡魔の章を含むオランダ語のエチカ」としてのみ知られ、單にこれだけでは「短論文」は初めからオランダ語で書かれたかにも思へる。有力な研究者のうちにはそれを信ずるものもある（例へばメインスマ)。しかし「短論文」がもともとラテン語で書かれたことは今日既に一般の常識である。何故なら寫本Aの扉の一文にはその旨が記されてあるし、又「短論文」の中にはラテン語からの誤譯と考へてのみ説明のつくいくつかの誤謬を含んでゐるからである。だがさればとて「短論文」は初めから全部ラテン語で書かれたと無條件で言ひ切れぬ複雜な問題を含んでゐる。といふのは書中にはラテン語で書かれた筈がないと思はれる個所もあるからである(二部十七章への譯者註二參照)。又二通りの原稿が存在してゐてそれが重複して並べられたと見られる個所もあるのである(二部一章への譯者註一參照)。又或る個所にはスピノザが自らこの論文を「書いた」ことが書かれてをり、他の個所にはスピノザがそれを人々に「書き取らせた」とあつて、この矛盾も原語問題に關連して説明すべく迫られるのである。これを果してどう解釋すべきであらうか。

「短論文」の主要部分の終りたる二部二十六章の最後はスピノザから友人たちへの書簡の形式になつてゐるが、編輯者はこの個所に關し欄外に「これは著者が依賴されてこの論文を書き取らせた(dit tractaat heeft gedicteert)人々に對してなした願であり、同時にこれが全體の結語ともなつてゐる」と註してゐる。又書中にも口授筆記の跡を止めてゐると思はれる個所が屢〻ある。例へば「多分後で示すだらうやうに」といふやうな表現が折〻見られるが(九八頁一三行、一二五頁一二行、一五五頁一六行)若しスピノザがこの書を計畫的に自ら書き下したとするなら、かうした「多分」(ligt)とか「恐らく」(misschien)とかいふ文字が度〻出て來るやうなことはなかつたであらう。兎に角「短論文」はスピノザがアムステルダムの友人たちに口授して書かせたものだといふ從來の說を既定のものとして前提しよう。この際スピノザは何語を用ひたであらうか。口授された友人たちの殆どすべてがオランダ人であるからラテン語よりはオランダ語を用ひたと見るのが自然であらう。殊にこの中の最も有力なメンバーの一人にイエレスがあり、彼はラテン語を知らなかつたからである。この口授筆記をスピノザは、一六六〇年の初めアムステルダムからラインスブルフに移住した際携へて行つたであらう。彼は、先にも言つたやうに、その頃これを彼の形而上學として出版しようとしてゐたのであるから、そのオランダ語の口授原稿に基いてこれを別にラテン語に書き改めたに違ひない。だからこそスピノザは前述編輯者の註した書簡の形式に依る本文の中で「……尙私に殘るのは私がこれを書き與へる（ik dit schrijve）友人たちに次のことを言ふことだけである……」と書いてゐるのである（ここにある「書き與へる」とはこの書簡だけを指すのでなく「短論文」全體を指すのであることは前後の關係から明白である）。又だからこそ寫本Aの扉にも「本書は先にスピノザに依つて書かれた」と記されてあるのである。以上の意味で「短論文」はスピノザが人々に「書き取らせた」ものだとも、又自ら「書いた」ものだとも言ひ得るのである。この關係は、彼が間もなく同じラインスブルフで或る青年に「デカルトの哲學原理」及び「形而上學的思想」を口授筆記させた後でそれを訂正して出版した（書簡第十三參照）のと軌を一にする。ところで「短論文」のこの書き改められた原稿はアムステルダムの友人團に送られ、彼らはこれを、後でエチカの原稿を受取つた際やつたやうに、改めてオランダ語に譯したに違ひない。このやうにして「短論文」には二通りのオランダ語の原稿――口授筆記の原稿とラテン語から譯された原稿と――が出來上つたと思はれる。これは又「エチカ」にも初めの原稿とその後で訂正した原稿と二通り殘された（岩波文庫「エチカ」解説參照）

のと趣を一にする。さてスピノザは「短論文」の主要部分を送つた後で續いてその說明と敷衍のため多くの註、二つの對話、二つの附錄をも送り、これもそれぞれアムステルダムでラテン語からオランダ語に譯されたであらう。スピノザは間もなく「短論文」の出版を放棄し、そのラテン原文は何時しらず失はれたが、友人の一人が現在の形に於けるオランダ語の「短論文」の編纂に當つたと思はれる。この際彼は、ラテン語から譯したオランダ語のテキストを主體としたこと勿論であつたが、何らかの都合で、古いオランダ語の原稿の一部を加入或は併存させたと思はれる。そして時には、心おぼえに、自ら註をも附したと思はれる。このやうにして「短論文」は㈠オランダ語の古い口授原稿、㈡ラテン語の原稿から譯されたオランダ語の主要部分、㈢註、對話、附錄、㈣編輯者(又は筆寫者、讀者)の附加物、の四つの層から成ることになる。この四層說は「短論文」の中に含まれる種々の矛盾を說明するため主としてゲプハルトが提起した說であり、必ずしも唯一の解釋とは言へぬが、多くの傾聽すべき示唆を含んでゐる。*

* Gebhardt Spinoza Opera I. 430 以下參照。

兎に角「短論文」を今の形に編輯したのはスピノザ自身でなく、スピノザの一友人であつたことは確かである。しからばこの編輯者は誰であつたらうか。それは既に前に暗示したやうにヤーラッハ・イエレスその人でなければならぬ。イエレスがスピノザの著作の成立と保存に、又そのオランダ語化にどんなに力めたかは我々が先に述べたところである。そしてこの「編輯者イエレス說」は他の多くの內的證據に依つても裏づけられる。卽ち、寫本Aの扉の一文が示すやうに、

「短論文」の編輯者はスピノザへの熱烈な崇拝者であると共に、眞正なクリスチャンであるといふ自覺を持つ人間であるが、アムステルダム時代に於けるスピノザの友人中この條件に最も叶ふのはイエレスその人である。殊に「短論文」の精神が「我らの最善の教師たる主キリストの御例」に合致するといふ扉の中の主張は、イエレスがその著「普遍的キリスト教信仰の告白」の中で、又オランダ語譯「スピノザ遺稿集」への序文の中で吐露した信念、即ちスピノザ哲學は眞のキリスト教に通ずるといふ信念と全然同一である。それに「短論文」の或る個所（二部十九章欄外、本書一七二頁參照）に附された一つの註——しかもスピノザ自身のものでなく編輯者のものであることがW・マイエルその他に依つて夙に指摘されてゐるその一つの註の中で、罪・律法・恩寵等のキリスト教的諸教義が哲學的に解釋され變へてゐるが、これもイエレスが前記の「普遍的キリスト教信仰の告白」の中で、スピノザを模しつゝ、好んで用ひたやり方である。このやうに「短論文」を現在の形にまとめ上げたのはイエレスにほかならぬことが認定される。そして、このまとめ上げられたものが即ち我々の先に想定したイエレス稿本なのである。*

* 寫本Aの淵源をイエレスにまで溯らせる說は今日多くの研究者から一應暗默裡に受け入れられてゐるものである。しかしそれは極めて蓋然性に富む說であるとは言へ結局一個の假說であり、これをこれ以上强力且つ不可疑的に裏付けることは現在我々に殘されてゐる諸資料のみを以つてしては必ずしも容易でないであらう。

次に「短論文」は何時書かれたかを考察せねばならぬ。ここに「短論文」といふのは寫本AやBのことではなく、又その原本と見られるイエレス稿本のことでもなく、スピノザが友人たちに書き取らせ若しくは自ら書いた限りに於ての「短論文」のことであるのはいふまでもない。これが何時成立したかは前項の敍述からも大體見當がつくが、ここではもつと立ち入つて吟味したい。「短論文」の主要部分の大體の輪郭がアムステルダム時代に出來たことは疑ひない。しかしアムステルダム時代と云つても一部の研究者（アヴェナリウスやボルコフスキー）が言ふ如くさう早期に出來たものではない。スピノザがユダヤ教會から破門されたのは一六五六年であり、同民族の友から離れてアムステルダムに於けるキリスト教の友人たちと本格的に交際したのは主としてそれ以後である。しかも「短論文」は友が友に對して語つてゐるのでなく、師が弟子に對し、指導者が追從者に對して語つてゐるのであるから、彼が友人の仲間に於てさうした位置を認められるまではその後更に一、二年の歳月を要したであらう。從つて「短論文」の仕事は一六五八年頃からのものと見てよいであらう。そしてその大部分はアムステルダムで出來上つたものの、それが完結したのは一六六〇年初めラインスブルフに移轉してからでなければならぬ。何故なら、「短論文」の主要部分の最後は、前述の如く、書簡の形式になつてをり、その中でスピノザは友人たちに、これらの新說に驚かないやうにとか、人に傳へるには充分用心するやうにとか、通讀して異議のある場合も性急に駁することなくゆつくり時間をかけて考慮するやうにとかの注意を與へてゐるが、かうしたことは、若しスピノザがアムステルダム或はその近郊のアウデルケルク（アウエルケルク）に住んでゐた時代なら、手紙などに書く必要なく、口づから述べたであらうからである。だから「短論文」の主要部分はラインスブルフで終結したと見なければならぬ。ところで「短論文」の至るところに附せられてる註について言へば、これはいちいちその成立時期を示すことは困難であるが、その大部分は本文の説明乃至敷衍のために書かれたのだから、一般的に言つて關係本文の後で出來たことは言ふまでもない。又主要部分の中に挿入されてゐる二つの對話（一部二章終り）は、主要部分より前に書かれたものだといふ意見が一時行はれたが、しかしこの對話はその內容から言つて主要部分全體の既存を前提として書かれたとしか見られず、ことに第二對話は屢〻二部二十四章や二十六章の所說を含蓄的に引用してゐるから、主要部分が出來た後でのものであること疑ひない。尙この頃スピノザは既に幾何學的敍述形式に魅力を感じてをり、二つの附錄はこの機運の中に書かれた。彼は一六六一年夏秋の交オルデンブルクへの手紙（書簡第二）の中に彼の形而上學の要綱を幾何學的形式にまとめて封入してをり（これは今は紛失されたが書簡第二、第三、第四その他に基いて大體元の形に再建されてゐる）、これを今言つた「短論文」の附錄の初めのものと比較すると、同一題材ながら思想的に又表現的に一歩前進を示してゐるから、この附錄はその少し前即ち一六六〇年終り乃至六一年初めのものとしてよい。このやうにして主要部分の後で註の大部、對話、附錄が出來上つたが、彼はその頃ベーコンの刺戟で方法論に興味を抱いて「知性改善論」を書き、その上「短論文」の內容にその後の彼の思想の發展に伴ふ幾つかの新しい註を附してをり、かくて前に言つたやうに一六六二年初めこれらを基として認識論と形而上學を一つにした一著を計畫したのである。これは既述のやうに實現されず、スピノザの關心は爾來「エチカ」の制作に向つて集中され、「短論文」はもはや省られないことになつた。故に一六六二年以後は「短論文」に何らの訂正や註が加へられたわけがなく、何かの附加があつたとすればそれは編輯者又は筆寫者乃至讀者の手に成るものでなければならぬ。

要するに「短論文」の主要部分は一六五八――六〇年の間に、又註の大部、對話、附錄は六一年初めまでに、そして新しい註は六二年初めまでに出來たものであり、それ以後の附加は編輯者筆寫者讀者のものであるといふことになる。

以上を以つて「短論文」の原テキスト、イエレス稿本、寫本A、寫本Bの成立の事情とその性格について一通りの觀察を終へた。このうち現在我々に殘つてゐるのは寫本Aと寫本Bだけであり、しかも寫本Bは外的形式に於て幾分整備されて讀みやすくなつてゐるとはいへテキストとして權威あるものでなく、ひとり外形的にも內容的にも缺陷の多い寫本Aのみが我々にとつて依據すべき唯一のテキストなのであるから、「短論文」の內容の十全なる理解は現在の我々にとつて相當の困難を伴ふものとせねばならぬ。「短論文」のテキストの硏究について優れた業績を發表したフロイデンタールの如きは、「短論文」の中に含まれてゐる多くの繰り返し、矛盾、果されざる約束、表現の不備等を過大視してこれを一つのまとまつた有機的作品と見るのに難色を示してゐるかに見える。これに對してレヴィス・ロビンソンは「短論文」の內的統一性を闡明することに力を盡した。以來今日まで約半世紀の間、眞劍な硏究者たちの努力は見るべき成果をもたらし、我々は「短論文」の不備性についてさまで悲觀的な見方をする必要なきに至つてゐる。その中には依然難解な幾多の個所が殘つてゐるけれども、一應の說明のつけられるやうになつたものも多く、殊に「短論文」の全體としての統一性は充分跡づけることが出來る。そして近來スピノザの硏究に携はる人々は、以前より多くこの「短論文」から資料を汲み取ることに傾いてゐる。「短論文」の中にはスピノザの後年の哲學、特に「エチカ」の中に在る教說の殆どすべてが時に顯在的に又時に潛在的に含まれてゐるからである。

思ふに偉大なる哲學者のうちその思想發展の經路に於て著しき變革乃至飛躍のなきことスピノザの如きはない。後年の彼を特徵付けるすべてのものが初めから彼の思想の中にあつたのである。彼の哲學の究極目的たる神への認識と愛に依る人間の救濟なる理念が旣に「短論文」に於て明確に示されてゐることは言ふまでもない。又彼の體系の基礎づけの爲の主要支柱が汎神論、決定論、物心一元論にありとするならば、この三者も「短論文」時代旣にはつきり現はれてゐる。尤も物心一元論にあつては物心平行論と同時に物心相關論が說かれてゐるけれども、これは主としてデカルトの影響に依る過渡的現象である。「短論文」はデカルトから深い感化を受けて程なきころ成つたものであり、それはまだ「知性改善論」時代のベーコンからの刺戟、「神學・政治論」「エチカ」「國家論」時代のホッブスからの影響が見られぬ時代であるから、デカルトの影響はそれだけ目立つて現はれてゐる。神の存在の證明や感情論の構成の如きはその著しきものである。これらはすべて「エチカ」へ移行するに從つて次第にデカルト色を淸算しスピノザ獨特の學說に發展して行くのであるが、しかし又「短論文」時代と言へどもデカルトに全く追從してゐるのでなく、初めから多く批判的獨創的分子をも含んでゐる。これはデカルトと共にスピノザの哲學に深い影響を與へたユダヤ宗教哲學及び後期スコラ哲學との關係に於ても同樣である。前者について言へば、「短論文」の一特徵をなすユダヤ宗教哲學的神祕主義やレオネ・エブレオ流の愛の哲學は「エチカ」に至るに從つて次第に後退してゐるが、しかしこの傾向が「エチカ」でも全然なくなつてゐるわけでなく、それと同時に又「短論文」の中にも神祕的傾向と相反する合理主義がそれとの奇しき結合に於て初めから顯著に存在してゐる。又後者即ち後期スコラ哲學からは「短論文」はその論理形式と諸の形而上學的基礎概念を借りとり、これに新しい氣息を吹き込まうとしてゐるが、これは程度の差こそあれ「エチカ」に於ても引き繼がれてゐる。彼の後年の認識論と一見矛盾する如き「認識は受働である」の說も、後の譯者註で檢討してゐる通り、一概に感覺論的色彩に於て解さるべきではない。勿論本書の認識說は、本書に於ける感情論や救濟說と同樣、後年のそれに比し受働的要素が著しく目立つのは事實であるけれども、しかし他方、神的思惟者の一部としての能働的認識は本書に於ても否定されてるわけでなく、*認識のこの兩面が發展して「知性改善論」や「エチカ」に於ける表象認識（イマギナチオ）と知性認識（インテレクチオ）との峻別となるのである。このやうに「短論文」と後年の彼の哲學殊に「エチカ」は切り離すことの出來ぬ一體の關係にあり、「短論文」は「エチカ」の前身にほかならない。全く「短論文」は人々の好んで言ふ如く「小エチカ」の名にふさはしいものである。この故にスピノザの思想の發展經路をその生成の過程に於て把握し、又進んでスピノザ哲學の解釋への重要な鍵を得るためには、「短論文」は缺くことの出來ぬ作品である。それに「短論文」は「エチカ」と異なり嚴重な幾何學的形式に於てでなく若々しい素朴な表現で書かれてゐるから、初心の人がスピノザの哲學の大綱を知る上に好個の手引書でなければならぬ。

＊　これについては本書二部序言著者註、二十章著者註、二十二章、二十三章、第二附錄等參照。

「短論文」のテキストは、初めに一言したやうに、フローテン編のもの（Bを主體としAを補助とする）、シャールシュミット編のもの（Aのみに依る）、第五番目の全集たるフローテン――ランド版の中のもの（ABに依る）、第六番目の全集たるゲプハルト版の中のもの（Aのみに依る）の四回出てゐる。この最後のものに依つて學界は初めて「短論文」の批判的なそして決定的とも言ふべきテキストを得たと認められる。ゲプハルト版は、スピノザの他の諸著作についてもさうであるが、「短論文」の場合は殊に可及的多量の資料と文獻を利用して編纂した。このことは原《テキ》文《スト・》批判《クリテイク》に關する附註がテキストそのものの分量を遙かに越える厖大なものであることからも察せられやう。このテキスト編纂に際しゲプハルトは、スピノザに依る「短論文」の原テキストが如何にあつたかをよりも、イエレス稿本にあつたであらう通りのテキストを再現することに努力してゐるのは當然である。しかしスピノザのものでなく編輯者乃至筆寫者のものであることが研究者たちに確認されてゐる註、殊に第二部の欄外に附せられた多くの內容摘要的註はこれを除いた。だがゲプハルト自身スピノザのものでないと信じても從來編まれたテキストや外國譯の中に收められてゐる註（又時に本文）は削除せず單に（ ）印を附して（この邦譯では〈 〉になつてゐる）これを區別するに止めた。ゲプハルトの意はなるべく自己の主觀的見解を混入せず、將來生れることあるべき更に一層完全なテキストに供へんとしたのである。

次に「短論文」の各國譯について一言しよう。「短論文」は發見以來年月も淺く又表現や內容に不備な點があるとされるので、スピノザの他の著作ほどには多く譯されてゐないが、それでも自分の知る限り、ラテン語譯一種（フローテン）、現代オランダ語譯一種（W・マイエル）、英譯二種（リジヤ・ギリンガム・ロビンソン及びA・ウォルフ）、佛譯二種（P・ジャネ及びC・アッピューン）、獨譯三種（シャールシュミット、ジグワルト及びゲプハルト）、日本譯一種（齋藤晌氏）がある。このうちマイエルの現代オランダ語譯、ウォルフの英譯、アッピューンの佛譯、ゲプハルトの獨譯は信頼すべきものとして廣く一般に認められてゐる。この四つの外國譯はいづれもゲプハルト全集出版以前のものであるが（但しアッピューンの佛譯の新版はゲプハルト版が出た後にこれに基づいて多くの訂正が加へられてゐる）、その解釋に於て、又その序文や註に示された見解に於て、我々の參考とすべき多くのものを含んでゐる。「短論文」の研究に携はらうとする人は、後に述べる研究論文の主要なものと共に、この四つの外國譯を一應顧ることが必要であらう（因みに短論文は一九二九年ソ聯でまた一九五三年イタリアでも譯されてゐる）。

今ここに私が新しい邦譯を試るに當つてはゲプハルト版のオランダ原文を底本とした。勿論ゲプハルト版といへども完璧とは言へず、その原文批判の中には私として異説のあるものが相當ある。だが「短論文」の原文批判はもともと極めて複雜且つ困難な問題を伴ひ、ゲプハルトと共にその道に心血を注いで來たボルコフスキーの言葉を借りれば、それは「あまりにも殘酷な忍耐の試煉」（allzu grausame Geduldsprobe）なのである。だから私はこの邦譯では、文庫の性質上、成るべく原文批判に立ち入ることを避け、原則としてすべてゲプハルト版のテキストに準據した。しかし解釋上の要求から時にはテキストの文章や註の順序を變へたり、文章や句の一部を除いたりしたところがある。かかる個所は勿論、後の譯者註に於てその理由を明らかにして置いた。テキストのかうした變更についてはW・マイエルの「現代蘭語譯短論文」の中で示された諸見解に傾聽すべきものが少くない。尙、本譯書には〔 〕印の中に略註乃至補語を――殊に補語を多く附した。一體スピノザの著作のうちで「デカルトの哲學原理」や「神學・政治論」のやうに著者の生前自ら出版し得たものは表現も整備してゐて補語などの必要は殆どないが、「知性改善論」や「國家論」の如く未完に終つたものは屢〻その必要があり、「エチカ」の如く一般に充分完成されたと見られてゐる作品でも著者自らの手で出版されなかつたことから來る多くの外的瑕瑾を殘してゐることは人々の知るところである。この點「短論文」は缺陷が最も多いのであり、その理解のためには相當多くの補語が必要である。これは上述した「短論文」の現存テキストの成立由來から言つて誠に止むを得ぬところである。

最後に「短論文」に關する諸文獻について一言しよう。スピノザの生涯及び學說に關する基礎的敍述の書には時には特別な章を設けて、又時には散在的に、「短論文」がその對象とされてゐる。その中で代表的なものを擧げればクノー・フィッシャー「スピノザの生涯と著作」、フロイデンタール「スピノザの生涯」、ボルコフスキー「若きデ・スピノザ」、レヴィス・ロビンソン「スピノザのエチカへの註釋」、H・A・ウォルフソン「スピノザの哲學」等である。「短論文」のみを對象とし若くは「短論文」を特に深く追求した研究論文乃至單行本も數が少くない。その中には現在では單に歷史的な意味しかないものもあるから、すべてをここに列擧することは不要であらう。ここには、發表年代の新舊にかゝはらず研究者の今も一讀すべきものを選んで記さう。それはジグワルトの「スピノザの新たに發見された神・人間及びその幸福に關する論文」、トレンデレンブルクの「スピノザの著作への新に發見された補充」、フロイデンタールの「スピノザとスコラ哲學」、同じく「スピノザ研究」、同じく「短論文の教說」、レヴィス・ロビンソンの「スピノザの形而上學に關する諸探究」、ゲプハルトの「スピノザの知性改善論」、同じく「スピノザとプラトニズム」、ボルコフスキーの「スピノザの短論文の第一附錄」、同じく「スピノザの短論文に於ける二三の疑はしき淵源」、同じく「神・人間及び人間の幸福に關するスピノザの短論文」などである。

スピノザ

神・人間及び人間の幸福に關する短論文

ベネディクトゥス・デ・スピノザの神・人間及び人間の幸福に關する論文——二部から成りその後に附錄を附せる——の梗概（一）

この論文の第一部は十章に分たれる。

第一章に於て著者は神の觀念を自分のうちに有することを示し、この觀念に從つて神をば、各〻が自己の類に於て無限に完全であるところの無限數の屬性から成る實有であると定義し、これから、存在が神の本質に屬することを、或は神が必然的に存在することを推論する。

更に進んで、神の本性乃至本質の中にとりわけどんな完全性が含まれてゐるかを明らかにするため、彼は第二章に於て實體の本性の觀察に移り、實體について次のことを證明しようと力める。即ち實體は必然的に無限であること、從つて唯一つの實體しか存在し得ないこと、一の實體が他の實體から產出され得ないこと、むしろこの一つの實體（彼はこれに神といふ名を與へる）にはありとあらゆるものが屬すること、このやうにして思惟的本性と延長的本性は實體の有する無限數の屬性の中の二つであること、そしてその各〻が自己の類に於て最高完全で無限であること、從つて人間の精神とか身體とか言つたやうな有限で限定されたすべての個物は（彼が後で一層詳しく說明するやうに）さうした屬性の樣態と見做されねばならぬこと、これらの樣態に依つて前記屬性が、又この屬性に依つて實體乃至神が、無限の仕方で表現されること、さうしたことを證明しようと力める。

これらすべてが對話に於て一層詳細に說明され主張された後で第三章ではそれから如何なる風に神が萬物の原因であるかが、即ち神は內在的原因等々であることが導き出される。

しかし神の根本的諸特性についての彼の考へを明らかにするため彼は第四章に移る。第四章で彼は次のことを主張する。神は萬物の必然的原因であり、萬物の本性は現にある本性と違つたものであり得なかつたこと、或は神から他の形式・他の秩序で生ぜられ得なかつたこと、これは恰も神が自己の實的且つ無限的存在に屬する本性乃至本質と違つた本性乃至本質を有し得なかつたのと同然であること、さうしたことを主張する。そしてこの所謂原因性、即ち事物を存在させ・作用させる所以のこの假想の必然性がここで神の第一特性なる名前を帶びてゐる。

續いて第五章に於て、全自然が、從つて又各〻の個物が、自己の狀態並びに本質を維持するためになしてゐると彼の考へてゐるところの努力、さうした努力が神の第二特性として觀察される。この努力は、萬物の全關連に及ぶ限り、神の普遍的攝理と名づけられ、それが各の個物に――自然の他の諸部分との關連を離れてそれ自身だけで見られたる各〻の個物に屬する限り、神の個別的攝理なる名前を帶びてゐる。

それから第六章には神の第三特性として宿命或は神の豫定が述べられる。これは全自然並びに各の個物の上に及び、一切の偶然性を排除するものである。この說は主として第四章に基づいてゐる。何故なら、萬有（彼にあつては神と名づけられる）が本質に關しても存在に關しても必然的であつてありとあらゆるものがそれに屬するといふことが原則として容認された後では、この誤れる原則から、(二)そこに何ら偶然的なものが生じ得ないといふ不可避的結論が出て來るからである。この後で彼は、彼に對して出される諸駁論を除去するために、惡、罪、混亂等の眞の原因に關する彼の考へを述べてゐる。これで神の根本的諸特性に關する議論が終結し、これから彼は第七章に入る。

第七章では、彼に依つて單に相對的であつて根本的でないとされる神の諸特性、又は神の根本的諸特性の〔外的〕名稱(三)に過ぎぬとされる神の諸特性が數へられる。そしてこの機會に彼は、アリストテレス學徒が神の定義の本性及び神の存在の證明に關して考案し・提起した思想を簡單に檢討し且つこれを排擊してゐる。

しかし著者は、能産的自然と所産的自然との間に存すると著者の考へてゐるところの區別が明瞭に理解されるやうに、第八及び第九章でそれについて簡單に述べる。

續いて第十章に於ては、第六章に於てなされたと同じやうに、人間は、一定の普遍的概念を形成し・諸事物をそれと關連し比較した上で、それから善及び惡の概念を形成するものである、といふことが示される。卽ち、物が普遍的概念と合致する限りその物を善と呼び、物がそれと異なり・それと合致しない限りその物を惡と呼ぶのであり、從つて善及び惡は理性の有、或は思惟の樣態にほかならないとしてゐる。

これでこの論文の第一部が完了する。

第二部に於て著者は、人間の狀態に關する彼の思想を開陳する。特に、如何にして人間が諸感情に屈從し・隷屬するか、更に人間は理性を使用する時如何なる點まで達し得るか、又最後に人間がその幸福と完全な自由とに導かれるための手段は何かを說明する。

そこでこの部の序言に於て人間の本性について簡單に述べた後、進んで第一章では認識乃至概念の各の種類について、又如何にして認識が人間のうちに四種の仕方で喚起され產出されるかが論ぜられる、卽ちそれは

一、傳聞、何らかの物語り、或は他の符號に依る。

二、單なる經驗に依る。

三、善き且つ純粹なる理性、或は眞の信念に依る。

四、物自身への明瞭な洞察とその內的享受に依る。

これらすべてが比例法則から採られた一つの例に依つて解明される。

さてこれら四種の認識種類の結果について明瞭判然たる觀念を得させるために、第二章で先づそれらの定義が與へられ、續いて各の認識の結果がそれぞれ數へ上げられる。卽ち第一種及び第二種の認識の結果としては善き理性に矛盾する精神の受働乃至感情が擧げられ、第三種の認識の結果としては善き慾望が、又第四種の認識の結果としては正しい愛とそのすべての派生物とが擧げられる。

そこで第三章では先づ第一種及び第二種の認識から卽ち臆見から生ずる諸感情について、就中驚異、愛、憎み及び慾望について論ぜられる。

続いて第四章では第三種の認識が人間にとつてどんな効用を有するかが示される。即ち彼に依ればこの種の認識は、如何にして人間が理性の眞の指導に従つて生活すべきかを明らかにし、以つて人間を、愛する價値ある唯一のものを愛するやうに驅り、更に又臆見から生ずる諸感情を淘汰し區別してそのどれに従ひそのどれを避くべきかを指示するのである。それからこの點に於ける理性の使用をもつと個別的に示すために、我々の著者は

第五章では愛について、

第六章では憎みと嫌悪について、

第七章では慾望と喜びと悲しみについて、

第八章では尊重と輕蔑について、謙遜と矜恃について、自惚と自卑について、

第九章では希望と恐怖について、安堵と絶望について、躊躇、勇敢、大膽及び競争心について、弱氣及び臆病について、最後に執着について、

第十章では心の苛責及び後悔について、

第十一章では嘲弄と揶揄について、

第十二章では名譽、恥辱及び無恥について、

第十三章では好意、感謝及び忘恩について、

最後に第十四章では歎きについて論ずる。(四)

これで以つて彼は感情について述ぶべきことを完了したと考へ、進んで第十五章に移る。

第十五章では眞の信念即ち第三種の認識の最後の結果が紹介される。これは眞を僞から區別し

てそれを我々に認識させる手段となるものである。

このやうにしてスピノザは、彼の思想に從つて何が善であり惡であるか、何が眞理であり、虛僞であるか、並びに如何なる點に完全な人間の幸福が存するかを明らかにした後、我々はさうした幸福に自由意志に依つて達するのかそれとも必然性に依つて達するのかを探究することが必要であると考へる。

續いて彼は第十六章で、意志とは何かを說明する。卽ち彼はここで意志が決して自由でないこと、我々がこのこと或はかのことを意志し又は或事を肯定し否定するにはあらゆる點で外的原因から決定されることを主張する。

しかし意志が慾望と混同されないやうに、彼は第十七章で兩者の區別を指摘する。そして彼は、知性や意志がさうであるやうに、慾望も亦自由でないとし、ありとあらゆる慾望は、各〻の意志作用と同樣に、外的原因によつて決定されると解する。

そして讀者をこれまで述べたことの贊同へ驅るために、彼は第十八章に於て、彼の說の中に含まれてゐると彼の信ずるすべての效用を詳しく個別的に述べる。

さて次に人間が所謂信念卽ち第三種の認識に依つて最高の善、最高の福祉の享受に導びかれ得るかどうか、又人間が第三種の認識に依つて惡である限りに於ての諸感情から解放され得るかどうかを知るため、我々の著者は第十九章及び二十章で先づ後者に關して探究する。それに依れば、精神は身體と緊密に合一してゐて身體を通して種々の刺戟を受けるのであり、この刺戟は精神から善或は惡の形式のもとに把握されてあらゆる異なれる感情の原因と見られるのである。

そして、かうした身體の刺戟を善或は惡として把握し、それに依つて諸感情を生ぜしめるこの臆見的觀念は、この部の第一章に依れば、第一種の認識に於る傳聞乃至他の何らかの外的符號に基づくか、それとも第二種の認識に於る我々自身の經驗に基づくかそのどちらかである。そこで、我々の著者は、第二十一章に於て、我々が我々のうちに見出すものは外から來るものより我々の上に一層多くの力を有するといふ理由で次のやうな結論を下してゐる。理性は後者のやうに外部から我々に入り込むものではないから。しかし理性は我々が第二種の認識に依つて得る臆見の絶滅の原因には決してなり得ない。我々が我々のうちに享受するものは我々の外にあつて單に理性を通してのみ我々から觀られるもの（たとへそれが强力なものであつても）に依つては克服され得ないから。——さうした結論を下してゐる。

このやうに、理性卽ち第三種の認識は我々を我々の幸福に導く力或は第二種の認識から生ずる諸感情を克服する力を有しないのであるから、スピノザは第二十二章に於て、それへ達する眞の手段たり得るものの發見に移つてゐる。ところで神は精神に依つて認識され・所有され得る最高の善であるから、彼は、これから推して、若し我々が一たび神との合一或は神への認識と愛に深く參入すること恰も我々が我々の身體との合一を享受しそれに依つてその認識と愛を獲得する如くであるならば、卽ち若し我々が理性的推理から成る認識にでなく神の本質の內的享受及びそれとの直接的合一から成る認識に深く參入するならば、その時我々は第四種の認識に依つて我々の最高の幸福、我々の最高の福祉に到達したのである、と結論し、その故にこの最後の種類の認識を、單にそれへ達するに必要であるばかりでなく、又その唯一の手段でもある、と斷定してゐる。そしてこれに依つて我々のうちには極めて優れた結果と、これを享受する人間に見る不變的恆常性とが生ずるのであるから、彼はこれに更生なる名稱を與へてゐる。

ところで人間の精神は、彼の思想に從へば、一定の事物について思惟的本質の中に存する觀念であり、精神は觀念に依つてこの事物と合一してゐるのであるから、彼はここから第二十三章に於て、精神の恆常性乃至變化性は、精神が觀念を得る源であるところのその事物の本性に依つて決定されねばならぬと結論し、從つて若し精神が一時的で變化に從屬する物(例へば身體の如き)との合一にのみ存する場合は精神は必然的にその物と共に受働し消滅せねばならぬであらうし、反對に、精神が本性上永遠不變なる物と合一すればあらゆる受働から解放されて不滅性に參與するであらうとしてゐる。

しかしこのことに關して注意するに値することは何ごとをももらさぬために、我々の著者は第二十四章に於て、神に對する人間の愛は相互的であるかどうか、換言すれば神に對する人間の愛は神が人間を愛し若しくは好むといふことをも含むかどうかといふことを探究する。彼はこれを否定した後で、彼の從來の敎説の線に沿うて、神的法則及び人間的法則の何たるかを説明する。その後で又、神が自己の本質以外の何物かに依つて、卽ち有限にして限定されたる事物、或は何らかの外的符號に依つて――例へば言葉なり奇蹟なりに依つて、自己を人間に顯現し・告知すると考へてゐる人々の思想を排擊してゐる。

尙彼の見解に依れば、物の持續は物自身の完全性から、或はより完全な本性を有する他の何らかの物との合一から生ずるのであるから、彼は〔第二十五章に於て〕悪魔の存在を否定する。完全性或は完全性との合一を全く缺くやうなもの（彼は悪魔をかくの如きものと定義する）は存在することも持續することも出來ないと彼は判斷するからである。

かくて我々の著者は、悪魔を除去してこれを不要な物と判斷しつつ、單に人間本性の觀察だけから諸感情を導出し、それと共にさうした諸感情を制御して人類の最高なる幸福に達すべき手段を示した後で、更に第二十六章に於て、第四種の認識から生ずる人間の眞の自由が何に存するかを明かにしようとする。このため彼は先づ次の諸命題を立てる。

一、物は本質を有することが多ければ多いだけ能働性を增し受働性を減ずる。

二、すべての受働は內的原因に依つてでなく外的原因に依つて生ずる。

三、外的原因から生ぜられぬ一切のものはさうした原因と何ら共通點を有しない。

四、內在的原因の結果はその原因が持續する限り變化することも消滅することも出來ない。

五、最も自由な原因、そして神に最もふさはしい——と彼の考へる——原因は內在的原因である。

以上の諸命題から彼は更に次の諸命題を導出する。

一、神の本質は無限の能働性を有し、あらゆる受働の否定を包含する。そしてこの故にこれと合一するすべてのものはそれに依つて能働性に參與しあらゆる受働性と破滅とから解放される。

二、眞の知性は消滅することが出來ない。

三、眞の知性の結果でさうした知性と合一してゐるすべてのものは最も優秀なものであり且つその原因と共に必然的に永遠である。

四、我々が我々の外に生ずるすべてのものは我々と合一し得る可能性が多ければ多いだけ完全である。

前述のすべてから彼はかう結論する。人間の自由は我々の知性が神との直接的合一に依つて獲得する確固たる存在性にあること、從つて人間の精神並びにそれから生ずる諸の結果は何ら外的原因に隷屬し得ず又外的原因に依つて滅されたり變化させられたりし得ないこと、故にそれは必然的に永遠恆常の持續を保持すること、さうしたことを結論する。

これで以つてスピノザは彼のこの著作の第二にして最後の部分を終了する。

彼はしかしこの後に尙一種の附錄乃至補遺を付けた。これは、これまでに把握されたことどもの簡單な要綱を含むものに過ぎない。そしてその第一部は、實體の本性について幾何學的方法で整理したもので、內容的には彼の印刷された「エチカ」の第一部の定理八までに含まれてゐるものと合致する。一方、彼はこの附錄の第二部で、人間の精神とは何であるか又精神と身體の合一が如何なる點に存するかを探究する。

その上スピノザは、彼の思想を敷衍し又はより詳細に說明する目的を以つて、著作全體に亙り、多くの個所に、數々の註を附してゐる。

神・人間及び人間の幸福に關する短論文

先にB・D・S・に依つて、倫理學及び眞の哲學の研究に志ざさうとする彼の弟子たちの使用に供するため、ラテン語で書かれた。

そして今やオランダ語に譯されて眞理と德の愛好者たちの使用に供せられる。これにより、眞理や德について徒らに大言壯語する連中(一)、自分の糞尿や垢を琥珀と稱して愚直な人々の手に押付けてゐる連中を沈默させ、かうした連中が自らまだ理解してゐないこと、卽ち「神・人間自身及び人間相互の幸福の促進」について曲言するのを止めさせ、以つて、知性を病める者をば、我らの最善の教師・主キリストの御例に倣ひ、柔和と寛容の精神に依つて、癒やさうとするのである。

本書の二つの部の主要内容目次

〔附錄〕

第一部

神並びに神に屬するものについて

第一章

神が存在するといふこと

第一の點(一)、即ち神が存在するかどうかといふことについて言へば、それは次のやうに證明され得ると我々は主張(二)する。

先づアプリオリには次のやうに――

一、或る物の本性*に屬することを我々が明瞭判然と認識する一切を、我々は又當然その物について肯定し得る。

然るに存在が神の本性に屬することを我々は明瞭判然と認識し得る。

故に「神は存在する」。

* 本性とは或る物をしてその物たらしめる所以の性質、その物から決して引き離すことが出來ず若し引き離せば同時にその

物自身も破滅してしまふやうな性質、さうした一定性質のことである。例へば谷を有するといふことは山の本質に屬する。或は谷を有するといふことは山の本質である、といふが如きである。山が谷を有するといふことは、眞に永遠且つ不變であり、常に山なる概念の中に含まれてゐなければならぬ。たとへ山がこれまで存在しなかつた、或は現に存在してゐない場合でも。

別に又次のやうに——

二、物の本質はあらゆる永遠からこの方存在し、又あらゆる永遠に亙つて不變であるであらう。

神の存在と本質は同一である。*

故に〔神は存在する〕。(三)

* 後の第二章にある定義卽ち神は無限數の屬性を有するといふ定義から我々は神の存在を次のやうに證明し得る。

或る物の本性に屬することを我々が明瞭判然と認識する一切を、我々は又當然その物について肯定し得る。

然るに無限數の屬性を有する實有の本性には存在なる屬性も亦屬する。

故に〔神は存在する〕。

これに對して、それは觀念については言はれ得ようが物自身については言はれ得ない、と主張するのは誤りである。何故ならこの實有に歸せられる〔存在なる〕屬性は觀念には歸せられ得ない具體的な或る物である。從つて觀念について主張される事柄は物についても又物の屬性についてもあてはまらない。つまり觀念と對象との間には大きな相違があるのであつて、このため物について主張されることは觀念について主張されないし、その逆も亦同樣である。(四)

更にかゝる觀念が虛構(Verzieringe)であると主張するのも亦誤りである。何故なら物が存在しなければかゝる觀念を有することは不可能であるから。このことは五八——六〇頁で示されてゐるが、我々は更に次のことを附加する。(五)

我々が先づ何らかの事物自身から或る觀念を得てこれを抽象的に普遍化し、次いで我々の知性の中でこれについて色々なことを虚構し、更に又これに他の諸事物から引き出した他の多くの諸屬性を附與することが出來るといふのは事實であらう。しかしそれらの抽象がなされた事物自身が我々に前以つて識られなかつたら、さうすることは不可能である。

それにしても一たびこの觀念〔神の觀念〕が虚構であると假定されんか、我々の有するすべての他の觀念も同樣に虚構でなければならぬ。若しさうだとすれば、諸觀念に於けるあんな大きな差違は一體どこから我々に來るのだらうか。

といふのは、或る觀念はその存在が不可能であることを我々は知つてゐる。例へば二つの本性から成ると考へられるすべての怪物——鳥であると同時に馬であると云つたやうな動物とかその他これと類似するもの——の如きであり、これは自然の中に存在することが不可能である。自然はさうしたものの存在を許すやうな風に出來てゐないことを我々は見てゐるのだから。

(六)

他の觀念は、存在することが可能的ではあるが必然的ではない。しかしそれが存在しようとしまいとその本質は常に必然的である。例へば三角形の觀念や身體を離れた精神の中の愛の觀念がそれである。そしてたとへ初めは私がそれを虚構したのだと考へても、やがて私は、私乃至他の何らかの人間がいまだかつてそれについて考へなくてもそれはやはり同樣であり又今後も同樣であるであらうことを認むべく餘儀なくされる。だからそれは單に私に依つて虚構されたのでなく、私の外に私ならぬ、或る主體（een subjectum）を有してゐねばならぬ。この主體なしにそれは存在し得ないのである。

これらのほかにまだ第三の觀念がある。そしてそれはただ一つきりである。この觀念は必然的存在を自らの中に含んでゐる。前者の如く單に存在し得るといふだけではない。蓋し前者はその本質こそ必然的であるがその存在は必然的でない。然るに今のものは存在も本質も共に必然的でありそれなしには何ごとも考へられない。

このやうにして私は今や物の眞理、本質乃至存在は私に依存するものでないことを知る。何故なら、第二種の觀念について示した通り、さうしたものは、私がなくても、その本質のみに關してか、或はその本質と存在との兩方に關してそのあるところのものである。そしてこのことはこの第三の唯一の觀念についても同樣に、否遙かに一層多くあてはまることを私は見出す。これは私に依存してゐないといふだけでない。反對に彼のみが彼について私の主張することの主體なのである。從つて他の事物なら、たとへ實際に存在してゐなくともそれについて何らかの主張が出來るのであるが、これは存在しなければそれについて全然何ごとをも主張することが出來ないであらう。實に彼こそ他のすべての事物の主體でなければならぬ。

これまで述べたことからして、完全な實有に於ける無限數の屬性の觀念は決して虚構でないことが明らかに分る。我々はしかし更に次のことをも付け加へるであらう。

自然について我々がなした種々の考察の結果我々は今までのところこの最完全な實有に屬する屬性を二つだけしか自然の中に發見し得てゐない。しかしこれがこの完全な實有を構成する全部であるかの如くに我々を滿足させてゐるわけではない。否反對に、我々は二つ以上の屬性といふに止らず更に無限に多くの完全な屬性の存在を我々に明らさまに告げる或る物を我々の中に見出す。さうした無限に多くの屬性がこの實有に屬してこそ初めてこの實有は完全なものと言はれ得るのであるから。それならこの完全性の觀念はどこから來るのか？　かゝる或る物はこの二つの屬性から由來することは出來ない。何故なら二つは結局二つだけであつて無限に多くのものを生ずることが出來ないから。然らば一體どこからか？　決して私からではない、若しさうだとすれば私は私の所有しなかつたものを與へ得なければならぬことになるから。それなら無限に多くの屬性それ自身から以外のどこからも來やうがないではないか。この無限に多くの屬性が自らの存在することを我々に告げてゐるのである。しかしそれが何であるかをそれは今までのところ我々に告げてゐない。我々はただ二つの屬性についてしかその何たるかを知つてゐないのであるから。

（七）又アポステリオリには次のやうに——

若し人間が神の觀念を有するなら神は形相的に存在せねばならぬ。

然るに人間は神の觀念を有する。

故に「神は存在する」。

換言すれば

若し神の觀念が存在するならその原因が形相的（八）に存在してゐてその觀念が想念的（八）に有する一切

を自らの中に包含してゐねばならぬ。

然るに神の觀念が存在する。

故に〔神は存在する〕。

この第一前提（卽ち大前提）は次のやうにして證明される。

若し人間の虛構が人間に於ける觀念の唯一の原因であるとしたら人間が何ものかを認識し得るといふことは不可能であらう。

然るに人間は何ものかを認識し得る。

故に〔觀念があれば原因がある〕。

この推論の初めの部分を確かめるために我々は次の諸公理を立てる。

卽ち――
一、認識可能な物の數は無限にある。
二、有限な知性は無限數のものを把握することが出來ない。
三、有限な知性は或る外部の原因に依つて決定されるのでなくては自分自身で何物をも認識することが出來ない。
何故なら、有限な知性は一切を同時に認識する力がないと同樣に又〔外的原因なしには〕例へばこれをあれより先に或はあれをこれより先に認識しはじめる力を有しない、卽ちその兩者とも不可能なのだからそれは何ものをも認識することが出來ないわけである。

これらすべてから先に言つたことが證明される。卽ち――

人間に於ける觀念の原因は人間の虛構ではなくて何らかの外的原因であり、この原因が人間をして或る物を他の物より先に認識するやうに驅るのである。或は同じことだが、人間の知性の中にその想念的本質〔觀念〕が存するところのものは形相的に存在してゐてその人間に他の物よりも近い關係にあるのである。

だから若し人間が神の觀念を有するなら、神が形相的（九）に存在せねばならぬこと明らかである。勿論優越的に存在するわけではない。何故なら神の觀念以上に或は神の觀念以外に何らより本質的なもの・より優越的なものは存し得ないのであるから。

ところで、人間が神の觀念を有することは、人間が神の諸屬性を認識してゐることから明らか*である。人間が不完全なものである以上かうした屬性は人間自身に依つて作られ得るものではない。

さて人間がさうした諸屬性を認識してゐることは、無限なものは種々の有限な部分を合せて得られるものでないこと、二つの無限なものはあり得ずさうしたものはただ一つだけであること、それは完全で不變であること等々を人間が識つてゐることから明らかである。尙それが不變であるといふのは、如何なる物も自分から自分自身の破滅を求めはしないこと、無限なものは完全である故に〔自ら〕より善き物に變化することがない**（若しより善き物に變化するとすればそれは完全なものでなかつたわけであるから）といふこと、更にさうしたものは全能である故に外部にあるものから變化を受けることは出來ぬといふこと、さうしたことどもから分るのである。

* 〈神の諸屬性を認識してゐることから、と言ふよりは、神に特有なものを認識してゐることから、と言ふ方がより正しい。

何故ならここに擧げたやうな事柄は本來神の屬性ではない。神は成程これらなしには神たり得ないが、しかしこれらに依つて神なのではない。それらの事柄は何ら實體的なものを表示せず、單に形容詞的なもの——その說明のためには實名詞を必要とするところの形容詞的なものに過ぎないのだから〉。

＊＊〈かうした變化の原因は外部から來るか、自らの中に在るか、そのどちらかでなければならぬ。外部から來ることはない。何故なら、このやうに自分自身に依つて存在する實體は外部の或物に依存することがなく、從つてそれから變化を受けることがないからである。しかしこの原因は自らの中にあるわけもない。何故なら、如何なる物も、ましてやかゝる實體は、自分自身の破滅を欲することがないからである。すべての破滅は外部から來る〉。

以上すべてからして、我々は神の存在をアプリオリにもアポステリオリにも證明し得ることが明瞭に歸結される。アプリオリの方が一層よろしい(一〇)。しかし〔これに對してかういふ駁論がなされるであらう〕、このやうにして證明される物はその外的原因に依つて證明されねばならずそれはその證明される物に於ける明白な不完全性のしるしである、何故ならさうしたものは自分自身に依つて認識され得ずただ外的原因に依つて認識されるのみだから、と。だが神は——萬物の第一原因であり併せて自己自身の原因であるところの神は、自分を自分自身に依つて認識せしめる。だから、神は何ら原因を有しないが故にアプリオリには證明され得ないといふトマス・アクイナスの言葉は、大した意義がない。

第二章

神とは何か

上に神の存在することを證明したから、今は神が何であるかを示すべき時である。(一) 即ち、神とは、我々の見解に依れば、一切が歸せられる實有*、換言すれば、各々が自己の類に於て無限に完全であるところの無限數の屬性が歸せられる實有(二)である。

* その理由はかうである。無が何らの屬性を有し得ない如く全はすべての屬性を有せねばならぬ。つまり無は無であるが故に何らの屬性を有しないやうに、或る物は或る物であるが故に若干の屬性を有する。だからそれがより多く或る物であればあるだけそれだけ多くの屬性をそれは有せねばならぬ。從って最完全で無限で全的な或る物である神は無限で完全なすべての屬性を有せねばならぬ。

これに關する我々の見解を明瞭に表現する爲に、我々は次の四つの命題を前提するであらう。

一、限定された實體(三)は存在せず、すべての實體は自己の類に於て無限に完全でなければならぬ。即ち、神の無限な知性(verstand)の中に於て、如何なる實體も、それが既に自然の中に存するより一層完全であることが出來ない。

二、二つの等しい實體は存しない。

三、一つの實體は他の實體を產出することが出來ない。
四、神の無限な知性の中には自然の中に形相的に存するよりほかの如何なる實體も存しない。(四)

第一の命題卽ち限定された實體は存しない云々といふことについて言へば、若し誰かがこの反對を主張しようとするなら、我々はその人にかう問ふであらう。

然らばその實體は自分自身に依つて限定されたのか、つまりそれは自分自身をそのやうに限定し、自分自身を限定しないことは欲しなかつたのか。それともそれはその原因に依つてさうなつたのか、つまりその原因がより多く與へることが出來なかつたか又はより多く與へることを欲しなかつたかしてさうなつたのか、と。

初めのやうなことは考へられない。何故なら、實體、しかも自分自身に依つて存在した實體が自分自身を限定することを欲したといふことは不可能であるから。

故にその原因に依つて限定されたのであり、そしてその原因は必然的に神である。

しかしその原因に依つてそれが限定されたのなら、それはその原因がより多く與へることが出來なかつたからか、それともより多く與へることを欲しなかつたからかでなければならぬ。

だが神がより多く與へることが出來なかつたといふことは神の全能に矛盾するであらう。さればとて神がより多く與へることが出來たのにそれを欲しなかつた*といふことは惡意の嫌ひがあり、そんなことはあらゆる善意に充ちた神に於ては在り得ないことである。

＊ これに對して、物の本性がさうした「限定」を要求したのだ、從つてそれはそれ以外ではあり得なかつたのだ、と言ふのは何の說明にもならない。何故なら物が存在しない限りは物の本性は何ものをも要求しないからである。しかし物が存在し

ない場合でも何が物の本性に屬するかを見ることが出來ると言ふ人があるとしたら、それは存在に關しては眞であるが本質に關しては決してさうでない。

そしてこの點に創造と生産との區別が存する。創造（scheppen）とは或る物を本質と存在との兩方に關して設定することであり、生産（genereeren）とは或る物を存在のみに關して生ずることである。この故に自然の中には何ら創造がなく單に生産があるのみである。從つて神が創造する場合神は物の本性を物そのものと同時に創造するのである。だから若し神が（神はそれが出來るのに欲しないので）物を本質及び存在の點でその原因と一致しないやうに創造したとすれば神は悪意であることにならう。

しかし我々がここで創造と名づけることは、それがかつて起つたなどとは本當は言はれ得ない。たゞ我々は創造と生産とを區別する場合それについて何を言ひ得るかを示さうとしたまでである。

第二の命題即ち二つの等しい實體は存しないといふことに關して言へば、これは各實體が自己の類に於て完全であるといふことから明らかである。何故といふに、若し二つの等しい實體が存するなら、必然的に一は他を限定せねばならず、從つてそれは我々が前に既に證明したやうに無限なものではなくなるからである。

第三の命題即ち一つの實體は他の實體を產出し得ないといふことに關しては、若し誰かが又その反對を主張しようとするなら我々はかう尋ねる。その實體を產出すると考へられる原因は產出された實體と同じ屬性を有するのかそれとも有しないのか、と。後者ではあり得ない。何故なら無からは何ものも生じ得ないからである。故に前者である。そこで我々は更に尋ねる。その產出された實體の原因と考へられる實體（五）の中には產出された實體の中にと丁度同量の完全性が存するのか、それとも又より多くの完全性が存するのか、それともより少い完全性が存するのか、と。

より少い完全性ではあり得ない。これは今擧げた理由から分る。しかし又より多くの完全性でもない。より多くの完全性があるとすればこの第二の實體は限定されたものとなり、これは我々の第一の命題と矛盾するから。

故に丁度同量の完全性であり、即ちそれらの實體は互に等しいものになる。しかし二つの等しい實體、これは我々の前の證明と全く矛盾する。

その上かうである。創造されたものは決して無からは生ぜず必ず實在するものから創造されねばならぬ。しかし或る物が彼から生じてゐながらそれが彼から生じた後でも彼がその或る物を依然として有してゐるといふことは我々の知性を以つては理解し得ぬところである。

最後に我々が實體(それの屬性から生ずる諸事物の原理たるところの)の原因を求めようとすれば我々は又その原因の原因を求めねばならず、更に又その原因の原因を求め、このやうにして無限に進む。このやうにして若し我々が必然的にどこかで立ち止まらねばならぬとすれば(我々は實際さうせざるを得ないのだが)我々は必然的にこの唯一の實體のもとで止まらねばならぬのである。

第四の命題即ち神の無限なる知性の中には自然の中に形相的に存するよりほかの如何なる實體乃至屬性も存しないといふことは、我々に依つて次のやうに證明される。

一、神は無限の力を有するといふことから。即ち神の中には一を他より先に、或は一を他より多く創造するやうに神を動かし得る如何なる原因もあり得ないといふことから。

二、神の意志は單一であるといふことから。

三、神は（我々が後で證明するやうに）善であるところのことをなさずに置くことが出來ないから。

四、一の實體は他の實體を產出し得ないからには今存在しない實體が存在し出すことは不可能であるから。その上又さうなれば多くの無限なる實體は存在するよりは存在しないことになり、これは不條理である。

以上すべての命題から次のことが歸結される。(六) それは自然についてはありとあらゆることが(alles in allen) 歸せられるといふこと、從つて自然は各〻が自己の類に於て完全な無限に多くの屬性から成るといふことである。そしてこれは神について與へられてゐる定義と全く一致する。*

* (七)限定された實體はあり得ないことを我々が證明出來るなら、すべての實體は無制限に神的實有に屬せねばならぬ。この證明を我々は次のやうにしてする。

〔一〕さうした實體があればそれは自分自身を限定したかそれとも他のものがそれを限定したかそのどちらかでなければならぬ。自分自身を限定したといふことはあり得ない。何故ならそれはもともと限定されざるものであつたのに今や自分の全本質を變へねばならなかつたことになるから。しかし他のものに依つて限定されるといふこともあり得ない。何故ならこのものも亦限定されてゐるか限定されてゐないかそのどちらかでなければならぬが、初めのことは不可能であるから從つて後の方であり、そしてそれは神であることになる。然らば神は〔その實體を無限にする〕力が缺けてゐたか或はその意志が缺けてゐたかのためにそれを限定したのに違ひないが、しかし前の假定は神の全能に反し、後の假定はその善意に反する。

限定された實體のあり得ないことは又次のことからも明らかである。即ちこの場合その實體は必然的に或る物を無から得ねばならぬことになりこれは不可能である。といふのはその實體は神と異る所以のものをどこから得るのであらうか。決して神からではない。何故なら神は不完全な或は限定された何物をも有しないから。故にその場合無から以外のどこからもそれを得やうがないではないか。

故に如何なる實體も限定されたものであり得ない。

〔二〕これから二つの等しい限定されざる實體は存し得ないといふことが出て來る。何故ならさうしたものを假定すれば必然的に限定が生ずるからである。

〔三〕又これから更に一の實體は他の實體を產出し得ないといふことが出て來る。それは次のやうに——

この實體を產出すると考へられる原因は自らの產出した實體と同じ屬性を有せねばならぬ。しかも丁度同量の完全性か、より多い完全性か、より少くの完全性かを有せねばならぬ。この三つのうち第一の假定は不可能である。何故ならさうなれば二つの等しい實體が存することになるから。しかし第二の假定も不可能である。何故ならさうなると限定された實體が生ずることになるから。だが又第三の假定も不可能である。何故なら無からは如何なる或る物も生じないから。更に限定されざる實體から限定された實體が生じたとしたら限定されない實體も限定されたものになるであらう。故に一の實體は他の實體を產出し得ない。

〔四〕これからして更にすべての實體は形相的に存在せねばならぬといふことが出て來る。何故なら若しそれが存在しないならそれは發生する可能性がないからである。

我々が今しがた述べたこと、即ち自然の中に形相的に存するよりほかの如何なる物も神の無限なる知性の中に存しないといふことに反對して、若干の人々は次のやうに論證しようとする。

若し神が一切を創造したとするなら神はそれ以上を創造することが出來ない。しかし神がそれ以上を創造することが出來ないといふのは神の全能に矛盾する。故に「神は一切を創造したのでない」と。

第一のこと〔大前提〕に關しては、神がそれ以上を創造することが出來ないといふことを我々は容認する。しかし第二のこと〔小前提〕に關しては我々は敢て次のやうに主張する、若し神が一切の創造可能なものを創造することが出來ないとすればそれは神の全能に矛盾するであらう、しかしそれ自身に於て矛盾するやうなことがらを神が創造し得ないとしてもそれは決して神の全能に矛盾はしない、と。といふのは今の場合は神が一切を創造してしまつたのにまだそれ以上を創造することが出來ると言つてゐるのに等しいのであるから。實際又神が自らの無限なる知性の中にあつたすべてを創造したと言ふことの方が、神がそれを創造しなかつた或は決して創造し得なかつた――さう彼らは言ふ――と言ふよりも、神に於ける遙かに大なる完全性を示すものであることと疑ひない。

しかしこれについて何でこんなに言を費やす要があらう。彼ら自ら次のやうに論證してるのではないか、或はさう論證しなければならぬのではないか、*若し神が全知なら神はそれ以上を知ることが出來ない、しかし神がそれ以上を知ることが出來ないといふことは神の完全性に矛盾する、故に〔神は全知でない〕と。

* 〈つまり、神が全知であるといふ前提の下に彼らをして論證せしめれば、彼らはこのやうにしか論證し得ないといふのである〉。

だがこれに反して、若し神が一切をその知性の中に有しそして彼の無限なる完全性の故に彼がそれ以上を知ることは不可能であるとしたら、何故我々も次のやうに言ふことが出來ないのか、神は又その知性の中に有した一切を產出しそしてそのすべてが形相的に自然の中に存するやうに或は存するだらうやうにした、と。

ところで我々は一切が齊しく神の無限なる知性の中に在ること、神をして或る物を他の物より先に又は或る物を他の物より多く創造せしめたやうな如何なる原因も存せず神はすべてを一瞬間に産出し得たのであること、さうしたことを我々は知つてゐるのであるから、我々は彼らが我々に用ひたと同じ武器を彼らに對して使ふことが出來ないかどうかを一つ見て見よう。卽ち次のやうに——若し神がそれ以上は創造し得ぬだらうほどそれほど多くを創造し得ないとしたら神はその創造し得ることを決して創造し得ないことになる。しかし神がその創造し得ることを創造し得ないなどいふことはそれ自身に於て矛盾する。故に〔神は一切を創造したのだ〕と。

次に、自然の中に存するこれらすべての屬性は、我々がその各を個別的に明瞭判然と認識し得るにもかゝはらず、單に唯一の實有を構成するのみで決して種々の異なれる實有を構成しはしない、と我々が述べた理由は次の如きものである。

一、我々は以前既に無限にして完全なる一實有が存在せねばならぬこと、そしてこれはとりもなほさずありとあらゆることが歸せられねばならぬやうな實有であることを知つた。といふのは、若干の本質を有する實有には若干の屬性が歸せられねばならず、又その物により多くの本質が歸せられるに從つてそれだけ多くの屬性がそれに歸せられなくてはならぬ、從つて或る實有が無限なものであるならその屬性も亦無限でなければならぬ。そしてこれが正に我々が完全な實有と名づけるところのものである。

二、我々が自然の至るところに統一性を認めるからである。これに反し若し種々の實有が自然の中に存するとしたら、一が他と結合することは不可能であつたらう。*

＊ 即ち唯一の實有に關しないだらうやうな種々の異なれる實體が存するとしたら結合は不可能であらうといふのである。何故ならそれらの實體が全く何らの共通性をも有しないことを明瞭に我々は見てゐるのだから。例へば思惟と延長とのやうに、（しかしそれにもかゝはらず我々はこの二つから成立してゐるのだが）。

三、又次の理由からである。我々は一の實體が他の實體を產出し得ないことを既に見た。從つて存在しない實體が存在しはじめるといふことは不可能である。ところが我々は自然（八）の中に現に存在する諸實體は個別的に觀れば何ら存在の必然性を含んでゐないことを知つてゐる。このやうにそれらの實體の個別的本質には何ら存在が屬しないのであるから、これからして自然は――何らの原因からも生ぜられず、それにもかゝはらず我々がその存在することを知つてゐる自然は、存在が屬するところの一つの完全な實有でなければならぬといふことが必然的に歸結されるのである。*

＊ これは次のやうな意味である。若し如何なる實體も存在するとしてしか考へられないのにしかも〔今言つた〕諸實體の本質からはそれが個別的に見られる限り何らの存在も生じないのであるとすれば、結局それらの實體は獨立的なものでなく或る他のもの、即ち唯一にして全的實有たる或る他のもの、の屬性であることになる。

或は次のやうに――。

すべての實體は存在する。しかし〔今言つた〕諸實體の本質からはそれがそれ自らで見られる限り何ら存在が出て來ない。故に存在する如何なる實體もそれ自身で見られる限り〔それ自らでは存在せず〕、むしろ或る他の物に屬するものでなければならぬ。

換言すれば、我々が我々の知性で實體的思惟と實體的延長を考へる場合我々はそれをその存在に於てではなくその本質に於て考へてゐるのである、即ち我々はその存在が必然的にその本質に屬するとは考へてゐないのである。しかし我々はその存在をそれが神の屬性であるといふことからアプリオリに證明し又アポステリオリには（但しこれは延長に關してのみである）諸の樣態から證明する。樣態は延長を自らの主體として必然的に有せねばならぬのであるから。

（九）これまで述べたすべてから明白なのは、我々が延長を神の一屬性と認めてゐるといふことである。しかしこれは完全なる實有には決して適當でないやうに見える。何故なら、〔一般に言つて〕延長は可分的であるから、さうなれば、完全な實有が部分から成立することになるが、それは神に全然當てはまらない。神は單一な實有であるから。その上、延長が部分に分たれるなら受働的なものになり、これまた神に起り得ないことである。神が萬物の第一の能働的原因である以上、神は非受働的であり、何物からも働きを受けることがないのだから。

これに對して我々は答へる。〔一〕部分とか全體とかは眞の有乃至實的有ではなくて單に理性の有に過ぎない。（一〇）従つて自然の中には全體も部分も存しない。*

* 自然の中にといふのは實體的延長の中にといふ意味である。若しこの實體的延長が分割されるならその本性乃至本質は忽ち破壞されるであらう。それは無限なる延長に於てのみ、或は――同じことだが――全的存在に於てのみ存するのだから。

しかし君はかう言ふだらう。延長の中にはすべての樣態に先立つて何らの部分もないのか、と。私は答へる。決してない、と。しかし君はかう言ふだらう。物質の中には運動が存し、そしてこの運動は物質の一部分の中に存せねばならぬ。決して全體の中には存しない。物質は無限であるから。といふのは物質の外部には何物もない以上全體の中にある運動はどこへも行きやうがないではないか。故に運動は一部分の中に在るよりほかない、と。

答へて言ふ。運動だけが存するのでなくて運動と靜止が一緒に存するのだ、そしてこれは全體の中に在り又全體の中になければならぬ、何故なら延長の中には何らの部分が存しないのだから、と。

しかし君は依然として部分が在ると主張するなら、一つ私に言つてもらひたい。君が全延長を分割する時君の頭の中で全延長から切り離した部分を實際にも他のすべての部分から切り離し得るかどうか、又切り離したとして——私は問ふ——その切り離した部分と殘餘との間に何が存するか、と。

君はから言ふよりほかあるまい。空虛か、他の物體か、それとも延長自身か、と。それ以外の可能性はないのだから。しかし第一ではない。何故なら空虛なるもの、卽ち積極的な或る物でありながらしかも何らの物體でもないもの、さうしたものは存しないから。しかし第二でもない。何故ならその場合〔延長に先立つて〕或る樣態が存したことになるがさうしたものはあり得ない。延長は延長としてすべての樣態なしに又すべての樣態の以前に存するのだから。故に第三であり、從つて何ら部分はなく、全體としての延長あるのみである。

〔二〕種々の部分から合成された物はその部分を一つ一つとつて見る時一が他なしに考へられ理解され得るやうでなければならぬ。例へば多くの異なれる齒車、紐、その他から合成してゐる時計にあつては各〻の齒車、紐等がそれだけで考へられ、理解され、その合成から出來てゐる全體はさうした理解に必要でない。同樣に、正しい長方形の微小部分から成る水にあつても、その各〻の部分が全體なしに考へられ理解されそして成立し得る。しかし實體である限りに於ての延長は部分を有するとは言はれ得ない。それは、本性上無限でなければならぬ以上、より小さくもより大きくもなり得ないし又その如何なる部分も個別的には理解され得ないからである。尙それがさうでなければならぬこと〔部分を有しないこと〕は次のことからも分る。卽ち若しさうでなくて部分から成るとしたら、それは決して前の如くその本性上無限ではないであらう。そして又無限な自然の中に部分を考へるといふことはすべての部分がその本性上有限である限り、不可能なことである。

これに加ふるに、若し延長が種々の部分から成るとしたらかう考へられるであらう、即ち延長の若干部分が滅されても延長自身は以前のまゝで存し若干の滅亡した部分と共に滅びることはない、と。しかしさうしたことは、本性上無限であつて如何なる點でも限定的乃至有限的であつたりさう考へられたりすることの出來ない種類の物に在つては明白に矛盾である。更に尙自然に於ける部分に關しては、分割なるものは、既に述べたやうに、決して實體自身の中には起らず、常にたゞ實體の樣態の中にのみ起ると我々は主張する。私が水を分割しようと欲する場合、私は單に實體の樣態を分割するのみであつて實體自身を分割しはしない。そしてこれは水の樣態についても他の物の樣態についても常に同一である。

〔三〕さて分割乃至受働は常に樣態の中にのみ起る。例へば人間が消滅する或は亡ぼされると我々が言ふ時、それは有限な一合成物であり實體の一樣態である限りに於ての人間をのみ眼中に置いてゐるのであつて、人間の依存する實體を眼中に置いてゐるのではない。その上、我々が既に述べもし又これ（二）から後でも繰り返へすだらうやうに、神の外には何物も存しないのであり、又神は內在的原因なのである。ところで能働者と受働者が異なる樣な場合は受働は明白な不完全性を意味する。その場合受働者は外部から受働をもたらしたものに必然的に依存せねばならぬからである。かゝることは完全者たる神に於ては生ずることが出來ない。しかし自分自身の中に働く能働者については受働者の不完全性を有するとは決して言はれ得ない。それは他のものから働を受けるのでないからである。例へば知性の場合がそれであつて、知性は哲學者たちも主張するやうに諸概念の原因であるが、しかし內在的原因なのであるから、知性は如何に屢〻自分自身から働きを受けるからとて不完全であると誰が敢へて言ひ得よう。まして實體はすべての樣態の原理なのであるから、これは遙かに一層大なる權利を以つて受働者とよりは能働者と呼ばれ得るのである。

以上の說明を以つて我々はすべてに充分答へたと信ずる。

更にこれに對して次のやうな駁論がなされる。この物體を運動へ移す第一原因が必然的に存せねばならぬ。何故ならこの物體が靜止してゐる場合それは自らを運動に移すことは不可能だから、と。つまり、自然の中に靜止と運動とが存することは極めて明白であるからその運動乃至靜止は必然的に外的原因から來ねばならぬ。さう彼らは考へるのである。

しかし我々にとつてこれに答へることは容易である。といふのは、若しこの物體がそれ自身で存在してゐて長さ、幅、深さ以外の他の何らの屬性を有しないとしたら、それが眞に靜止してゐる場合それ自身を動かしはじめる何らの原因もその中に存しないであらうことは我々も認める。しかし自然はすべての屬性が歸せられるところの實有であることを我々は既に前以つて確立した。さうだとすれば、自然には生ぜらるべき一切を生ずるのに何ものも缺けることがあり得ないのである。

これまで神の何たるかについて語つて來た後を受けて、我々はここに神の諸屬性についていはばただ一言を以つて述べるであらう。それは我々に認識されてゐる屬性が思惟と延長の二つだけであるといふことである。何故なら我々はここでただ神の本來的屬性と呼ばれ得る屬性、自らの外にあるものに作用する者としての神をでなくそれ自らに於てあるがままの神を我々に認識させる屬性、さうした屬性についてのみ語つてゐるのであるから。

人間がこの二つの屬性の他に尙神に歸してゐるすべてのもの、そのすべては（若しそれが何らかの意味で神に屬するとすれば）外的名稱でなければならぬ。例へば神は自分自身で存在する、永遠である、唯一である、不變であると言つたやうに。然らずんば神の作用に關してでなければならぬ。例へば神は萬物の原因である、豫定者である、支配者である、と言つたやうに。これらすべては神の特性ではあるが神の何たるかを認識せしめる所以のものではない。

しかし如何にして又如何なる仕方でこれらの屬性（特性）（二）がそれにもかかはらず神の中に存し得るかはこれから次の諸章で示すであらう。

だがこれをよりよく理解し・より詳しく説明するため、我々はここで次の議論を附加するのを適當と考へた。それは一篇の對話から成るものである。

知性と愛と理性と欲望との間に交されたる
第一對話

愛。兄弟よ、私の本質と完全性は全然お前の完全性に依存することを私は見てゐる。そしてお前の把握した客體〔對象〕の完全性は取りも直さずお前の完全性であり、お前の完全性から更に私の完全性が生じて來るのだから、一つ私に言つてはくれまいか、他の何ものに依つても限定され得ない最高完全な實有、私自身もその中に含まれるやうな實有、さうした實有をお前が把握してゐるかどうかを。

知性。私としては全體としての自然を無限で最高完全であると觀る（一）。お前がそれを疑ふなら理性に尋ねてごらん。理性はそれをお前に説明してくれるだらう。

理性。それが眞理であることは私の疑はぬところだ。といふのは、若し自然を限定しようと思へば我々はそれを無に依つて限定せねばならないだらうが（二）それは不條理なことだ。この不條理は、自然を或る永遠なる統一體で無限で全能である等々と假定すれば避けられる。確かに自然は無限であり、一切はその中に含まれる。そしてそれに屬しないものを我々は無と呼ぶのだ。

欲望（三）。成程。しかしその統一體が自然の至るところに私の認める差別性と調和することはむつかしいよ。（四）何故つて私は、思惟する實體が延長する實體と何の共通點も持たぬこと、又その一が他を限定することを見てゐるからね。それで若しお前が、これら二つの實體の外に、すべての點で完全な第三の實體を假定しようとするなら、お前は明白な矛盾に陷ることになる。といふのは、初めの二つの實體の外にさうした第三の實體が假定されるならその實體には初めの二つの實體に屬するすべての屬性が缺けることになる。しかしさうしたことは、自らの外に何物も存しないやうな全體者には起り得ないことではないか。その上、さうした實有が全能で完全であるとしたら、それはその物が自分自身を生じたからなのであつて、その物が或る他の物を生じたからなのではないだらう。しかし自分自身のほかに他の或るものをも生ずることの出來るものの方が一層全能ではないか。

　最後に若しお前がその物を全知と名づけるなら、その物は必然的に自分自身を認識するわけだが、同時にお前は、自分自身だけの認識が、自分自身の認識に他の諸實體の認識を加へたものより劣ることを認めないわけにはゆくまい。

　かうしたすべてのことは皆明白な矛盾だ。

　だから私は、愛が私の示すものに滿足して他のものを探し廻らないやうに愛に忠告したかつたのだ。

愛。おゝ何といふ恥知らず！　お前は直ちに私の破滅をもたらすやうなことしか私に示さなかつたではないか。私がこれまでお前の示したところのものと合一(五)してゐたとしたら、私はたちどころに人類の二大敵である憎しみと後悔とから、そして時には忘却から迫害されてゐたことだらう。

　だから私はもう一度理性に縋つて理性に話を續けてもらひ、こんな敵共の口をつぐませるやうにしたいのだ。

理性。おゝ慾望よ！　お前は異なつた諸實體を見ると言つてるがそれは誤りであることを私は斷言するよ。私は、自分自身に依つて存在し・他のあらゆる屬性の保持者である唯一者しかないことを、明瞭に見てゐるからね。そして若しお前がその物體的なものと思惟的なものをば、それに依存してゐるところの諸樣態に關連して實體と名づけたいなら、お前は更にその物體的なものと思惟的なものをば、それが依存してゐるところの實體に關連して樣態と名づけねばなるまい。お前はそれを自分自身に依つて存在するものとは考へてゐないのだからね。つまり意志や感覺や認識や愛等が思惟的實體とお前の名づけるものの異なれる樣態である――お前はこれらすべてを一に歸し、これらすべてから一を形成してゐるのだから――のと同じやうに、それと同樣に、私も亦お前自身の論法に從つて、無限の延長と無限の思惟並びに他の無限の諸屬性（お前流に言へば諸實體）は唯一で永遠で無限で自分自身に依つて存在する實有の樣態にほかならないと結論するのだ。そしてこれらすべての樣態から、先に言つたやうに我々は、それ自らのほかには何物も考へられ得ない唯一者乃至統一體を構成するのだ。

慾望。お前の今の話ぶりにはどうやら非常に大きな混亂があるやうだ。何故つてお前は、全體がその諸部分の外に、或はその諸部分なしにあるところの或る物であるやうに思つてるらしい。しかしそれは全く不條理なことだよ。現にすべての哲學者は一齊に言つてゐる、全體なるものは第二概念(六)であつて、人間の概念を離れて自然の中に存在しはしない、とね。その上お前の例で見ると、お前は全體を原因と混同してゐる。といふのは、全體は部分からのみ成り或は部分に依つて存在すると私が言ふと同じ意味でお前は思惟力を知性や愛などの依存するものと思つて居るのだ。だがお前はそれ〔思惟力〕を全體とは呼ぶことは出來ない、ただ、さつきお前が名ざした諸結果の原因と呼び得るのみだ。

理性。私はもうお前が私に向つてお前のすべての味方を呼び集めてゐるのに氣づいてゐる。そのやうにしてお前は、お前の誤つた議論で果せなかつたことを言葉の二重の意味を利用して仕とげやうとしてゐる。これは眞理に反抗する者のよくやる手だ。だがお前はそんな手で愛をお前の方につけることには成功しないだらう。

お前の主張は結局、原因は結果の惹起者である限りに於て結果の外になければならぬといふにある。

お前がそんなことを言ふのは超越的原因(セ)のみを知つて内在的原因(セ)を知らないからだ。内在的原因は決して物を自分自身の外に作りはしないのだよ。例へば知性はその諸概念の原因だ。だから私も知性をその諸概念が知性に依存する限りに於て又は依存する點に關して原因と呼ぶが、更に知性がその諸概念から成るといふ點に關しては全體と呼ぶのだ。

同様に又神も自己の諸結果乃至創造物に關しては内在的原因にほかならぬが、同時に第二の見地から言へば全體であるのだ。

エラスムスとテオフィルスの間に交されたる

第　二　對　話（一）

——一部分はこれまでの部に關係し他の部分は次の第二部に關係するところの——

エラスムス（二）。おゝテオフィルスよ、僕は君がかう言ふのを聞いた、神は萬物の原因でありしかも內在的原因以外の原因であり得ない、と。だが若し神が萬物の內在的原因であるとしたら、どうして君は同時に神を遠隔原因（三）と名づけることが出來るのだらう。さうしたことは內在的原因にあつては不可能ではないか。

テオフィルス。僕が神は遠隔原因であると言つたのは（神が間接的に生じた物に關してであつて）神が直接的に（卽ち何等他の事情を介在させずたゞ自己の存在の結果として）生じた物に關してではなかつた。それに僕は決して神を絕對的に遠隔原因と名づけたのではない。そのことは君も僕の言葉から明瞭に汲み取り得たことだらう。何故なら僕はまた、我々は神を或る意味に於て遠隔原因（四）と名づけ得るとも言つたのだからね（五）。

エラスムス。君の言はうとすることは僕にはもう充分分る。しかし君は內在的原因の結果がその原因と合一して原因と共に一の全體を形成すると言つたのをも僕はおぼえてゐる。若しさうなら神は内在的原因であり得ないやうに僕には思へる。何故つて、若しそのやうに神と神から生ぜられたものとが合して一つの全體を形成するとしたら、君は神に或る時は他の時よりもより多くの本質を歸することになる。どうかこの疑念を取り除いてくれ給へ。

テオフィルス。エラスムスよ、君がこの混亂から逃れたいと思ふなら僕のこれから言ふことによく注意してくれ。

或る物の本質はその物が他の物と合一して一つの全體を形成するといふことに依つて増加しはしない。否、その物は依然として前と變りがないのだ。君が僕の言ふことをもつとよく分つてくれるやうに一つの例を擧げよう。或る彫刻家が木を以つて人體の各部分に似せて種々の形を作つたとする。そしてその中から人間の胸の形をした一つの部分を取り出し、それに人間の頭の形をした他の部分をくつつけ合せて、この二つから人體の上部を表示する一つの全體を作るとする。その場合君は、頭が胸と合一したからとて頭の本質が増加したと言ふだらうか。言ふなら間違つてゐる。それは前にあつたと全く同一なのだ。

もつとはつきりさせるため別な例を擧げよう。ここに、僕が三角形について有する觀念と、それから三角の一邊を延長することに依つて成立する他の觀念があるとする。この三角形の一邊を延長して生じた外角は必然的に二つの對應せる内角に等しい云々といふことになる。僕は言ふ、これらの觀念は今や或る一つの新しい觀念を、卽ち三角形の内角の和は二直角に等しいといふ觀念を生み出してゐる、と。そしてこの觀念は最初の觀念と合一してゐて一は他なしには存在する

ことも考へられることも出來ないやうな次第だ。

　同樣に我々は人間の有するすべての觀念から一つの全體を、或は（同じことだが）一つの理性の有を作り上げる。これを我々は知性と名づけてゐる。

　君は今や分つたであらう、この新しい觀念は前の觀念と合一してはゐるがそのために前の觀念の本質には何も變化が生じてゐないといふこと、全く些少の變化さへ生じてゐないといふことを。同じことを君は、自らの中に愛を生み出す各〻の觀念に於ても認めることが出來る。その愛は決して觀念の本質を增加させはしないんだ。

　しかし何でこんなに多くの例を重ねる要があらう。君は我々の今話題にしてゐる對象に於てこのことを明瞭に認め得るのに。僕は先に、如何なる他の原因にも依存せず又その定義のために如何なる類をも必要としないすべての屬性が神の本質に屬するといふことを言明した。一方又被造物は屬性を形成することが出來ないのだから、被造物はどんなに密接に神と合一しても神の本質をさうした屬性を以つて增加させはしないんだ。

　尙ここに次のことを付け加へる。全體（geheel）は理性の有に過ぎないのであつて、それが普遍（algemeen）と異なるのは、普遍が種々の結合せざる個體から出來てゐるのに全體は種々の結合せる個體から出來てゐるといふこと、從つてまた普遍が同じ類の諸部分のみを包容するのに對し全體は同じ類の部分をも異なつた類の部分をも包容するといふこと、たゞそれだけの點なのだ。

　エラスムス。そのことに關する限り君は僕を滿足させた。しかしその上君はかうも言つたね、內的原因〔內在的原因〕の結果はその原因が持續する間は滅びることが出來ない(六)、と。私もそれを全く眞實だと思ふ。しかし若しさうならどうして神が萬物の內的原因であり得やう。現に多くの物が滅びてゐるではないか。君はきつと君の前の區別に從つてかう言ふだらう。「神は本來自己の屬性以外の何らの事情を介在させずに直接的に作り出した結果のみの原因である。そしてさうした結果はその原因が持續する間は滅びることが出來ない。しかしその存在が直接的に神に依存せず或る他の物に依つて成立したやうな結果については神を內的原因とは名づけない（尤もさうした物の原因も神なしに或は神の外に作用するものでなく又作用し得るものでもないのではあるが）、そしてさうした物は神から直接的に生ぜられてゐないが故に滅び得るのだ」と。だがそれでは僕は滿足出來ない。何故なら人間の知性は神が自分自身のうちに生じた結果であるが故に不滅であると君が結論してゐる（七）のを僕は知つてゐる。さてそんなら、さうした知性を生み出すのに神の屬性だけよりかもつと多くのものが必要であつたなどといふことは不可能だ。さうした極めて完全な實有であるためには、それは、神に直接的に依存する他のすべての物と同樣に永遠からこの方創造されたのでなくてはならぬから。又僕の記憶に誤りがなければ僕は君がさういふのを聞いてゐる。若しさうなら君はどうして難點を殘すことなくこれを解決するだらうか。

　テオフィルス。エラスムスよ、存在するために神の屬性以外の他の何物をも要しないやうな物は直接的に神に依つて永遠からこの方創造されたのだといふことは眞實だ。しかし注意しなければならないのは、或る物の存在には或る特別な樣態、即ち神の屬性以外の或る物が必要であるけれども、それだからとて神はさうした物を直接的に生じ得ないことにはならないといふことだ（八）。抑も物を存在させるために必要な物のうちで、若干の物は物を生ずるために必要であり、他の物は物が生ぜられ得るために必要である。

例へば私が一定の室を明るくしたいと思ふ。その場合私は灯をともす、そしてこのことがそれ自身室を明るくする。或は私は窓を開く、この窓を開くといふことはそれ自身光を作らないが光が室の中に入り得るやうにさせる。(九)

同様に或る物體の運動のためには或る他の物體が――一から他へ移る全運動量を豫め有する或る他の物體が要求される。

しかし我々のうちに神の觀念を生ずるためには、我々のうちに生ぜられるものを豫め有する他の特殊な物が要求されはしない。(一〇)要求されるのはたゞ自然の中に於ける或る物體だけなんだ、つまりその物體の觀念だけで神を直接的に表示するのに十分なんだ。(一一)

このことを君は既に僕の以前の言葉からも分つてくれたことだらう。神は他の物に依つてでなくたゞそれ自身に依つてのみ認識されると僕は主張したのだから。(一二)

しかし君に言ふが、神について極めて明瞭な觀念を――我々に神以外の物を愛することを許さないまでにぴつたり我々を神と合一させる程それ程明瞭な觀念を神について持たない限り、我々は眞に神と合一し直接的に神に依存してゐるとは言へないんだ。

若しまだ尋ねたいことがあるなら次の時まで待つてくれ給へ。僕は今ほかのことに取りかからねばならぬから。さやうなら。

エラスムス。今のところはない。僕は君が今語つてくれたことを次の折までよく考へてみよう。御機嫌よう。

第三章

神の内在的作用について（一）

今や我々は特性*と名づけた〔神の〕諸屬性について論じはじめるであらう。先づ第一に如何な風に神が萬物の原因であるかを。

* 以下說かれる諸屬性は特性（Eigene）と名づけられる。これらはその實名詞（Substantiva）なしには理解され得ないところの形容詞（Adjectiva）にほかならないからである。卽ち神はこれらのものなしには神でないであらうが、しかしこれらのものに依つて神なのでない。これらのものは神をして存在せしめる所以の實體的なものを何ら表示してゐないのであるから。

我々は先に、一の實體が他の實體を產出し得ないこと、又神はすべての屬性が歸せられるところの實有であることを述べた。これからして、他のすべての物は決して神なしに又神の外に存在することも理解されることも出來ないことが明瞭に歸結される。

故に我々は十分の理由を以つて、神は萬物の原因であると主張し得る。

起成原因（二）は普通に八種に分類されるから、我々は神が如何にして又如何なる意味で原因であるかを探究しよう。

一、神は自らの生じた結果の流出的乃至表現的原因であると我々は言ふ。又作用が働いてゐるといふ點から言へば神は活動的乃至作用的原因である。以上の二つは相互に關連するから我々はこれを一つにする。

二、次に神は內在的原因であつて超越的原因でない。何故なら神は一切を自己自身のうちに生じ自己の外に生じないからである。神の外には何ものも存在しないのであるから。

三、第三に神は自由原因であつて自然的原因でない。このことは後で我々が神はそのなすところをなさずに置くことが出來るかどうかについて論ずる時に明瞭に說明して判然とさせるであらう。その際更に眞の自由が何に存するかゞ併せて說かれる筈である。

四、神は自己自身に依る原因であつて偶然に依る原因でない。これは豫定に關する議論からもつと明らかになるであらう。

五、第五に神はその直接的に創造した諸結果、例へば物質に於ける運動の如きもの、の主要原因である。

この際〔手段的〕補助原因は問題になり得ない。さうしたものは常に個物に於てのみ現はれる。例へば神が强風を手段として海を乾す場合〔出エジプト記十四章二十一節〕の如きである。このやうにそれは自然の中に起るすべての個物に於て現はれる。誘發的補助原因は神に於ては起らない。神の外に神を强制し得る何ものも存しないからである。然し素質的原因は神の完全性そのものである。これに依つて神は自己自身の、從つてまた他のすべての事物の、原因なのであるから。

六、第六に神のみが第一原因乃至創始的原因である。これは我々の今の敍述から明らかである。

七、第七に神は普遍的原因でもある。しかしそれは神が種々の物を作り出す限りに於てのみである。その他の點ではさうしたことは決して言はれ得ない。神はその諸結果を生ずるのに何ものをも要しないのであるから。

八、第八に神は、神から直接的に創造されたと言はれるところの無限且つ不變なる物の最近原因である。しかし神は或る意味に於てはすべての個物の遠隔原因である。

第四章（一）

神の必然的作用について

神はそのなすところをなさずに置くことが出來るといふことを我々は否定する。このことは我々が後で豫定に關して論じて萬物は必然的にその原因に依存することを述べる時にも證明されるであらう。

然し更にこのことは神の完全性からも證明される。といふのは、神が一切を、それが神の觀念の中に把握されてゐると同樣に完全に作り得ることは少しも疑ひないところである。そして神から認識される事物は神がそれを認識してゐるより一層完全に神から認識され得ないやうに、丁度それと同樣に、萬物は神からそれ以上完全には作られ得ないほど完全に作られてゐるのである。

（二）更に神がそのなしたところをなさずに置くことが出來なかつたと我々が結論する場合、我々はその論據を神の完全性から採る。何故なら神がその爲すところのことをなさずに置き得るといふことは神に在つて一の不完全性であらう。尤も神を動かして或ることをなさしめるやうな誘發的補助原因（三）を神に認めるとすれば別問題であるが、それでは神はもはや神でないであらう。

然し今改めて次の問題が起る、卽ち神の觀念の中に在り且つ神がそのやうに完全になし得るところのこと、さうしたすべてのことを神はなさずに置くことが出來るかどうか、又それをなさずに置くことが神に在つて或る完全性でないかどうか、と。

これに對して我々はかう主張する。生起する一切は神に依つてなされたのであるからそれは必然的に神に依つて豫め決定されてゐたのでなければならぬ、さうでなくては神は可變的なものになるがそれでは神に大なる不完全性を認めることになるから。そして神に於けるこの豫めの決定は、永遠からこの方存せねばならぬのであり、その永遠には前といふことも後といふことも存しないのであるから、これからして、神は豫め物をそれが今永遠からこの方決定されてゐると異なつた仕方で決定することは出來なかつたこと、又神はこの決定以前に或はこの決定なしに存することは出來なかつたこと、さうしたことが確實に歸結される。

その上、神が或ることをなさずに置くとすれば、神はそれに對する原因を有するか有しないかでなければならぬ。若し原因を有するなら、神は必然的にそれをなさずに置かなければならぬ。若し有しないなら神は必然的にそれをなさずに置けないことになる。これは自明である。

更に又、創造された事物に在つてはその物が存在すること又その物が神から生ぜられることは一の完全性である。何故ならあらゆる不完全性のうち最大の不完全性は非存在といふことであるからである。そして神は萬物の幸福と完全性を意志するものである故に、若し一定の物が存在しないことを神が意志するとすれば、その物の幸福と完全性は非存在にあることになり、これは自己矛盾である。

これらの故に我々は、神がそのなすところをなさずに置き得ることを否定する。

或る人々はこれを神の冒瀆であり矮小化であると考へる。しかしそんな主張は眞の自由が何に存するかを正しく理解しないことから來るのである。眞の自由は決して、彼らの思ふやうに、或る善或は惡をなし或はなさざる能力には存しない。實に眞の自由はたゞ第一原因たる狀態にあることであり、それ以外ではない。そして第一原因は、決して他の或る物に迫られたり强ひられたりせず、ただ自己の完全性のみに依つてすべての完全性の原因なのである。從つて神がこれをなさずに置くことが出來るなら、神は完全でないであらう。何故なら、神から生ずる物に於ける完全性或は善を神がなさずに置き得るといふことは缺陷に依つてでなくては神には起り得ないからである。

神のみが唯一の自由原因であることは今言つたことから明らかなばかりではなく、次のことから卽ち神のほかには神に迫つたり强ひたりし得る如何なる外的原因も存しないといふことからも明らかである。そしてかうしたことは創造された事物に於ては決してあり得ないのである。

これに對して次のやうな駁論がなされる。善は神がそれを意志するが故にのみ善なのである。從つて神は〔善をも惡たらしめ〕惡をも善たらしめることが出來る、と。しかしこんな議論は次のやうに言ふのも同然である。神は神であることを意志するが故に神なのである、だから神でないことも神の力の中に在る、と。これは不條理そのものである。

又人々が或ることをなしそして何故それをなすかを問はれる場合、人々は屢〻正義がそれを要求するからと答へる。ところで何故正義が或はすべての正しきものの第一原因がそれを要求するか、と尋ねるなら、彼らの答へは、正義がそれを意志するから、でなければならぬ。しかし一體正義は正義であることを止めることが出來るであらうか。否、決して。何故なら、それが出來るならそれは正義であり得ないのであるから。

しかし、神はそのなす一切をばそれがそれ自身善であるからこそなすのだと主張する人々は、その意見が我々のそれと異ならないと考へるかもしれない。だがそれは違ふ。何故なら、彼らは既に神以前に神を義務づけ束縛する或る物を假定してゐるからである。即ち彼らはこれが善であり又あれが正義であり乃至正義であるであらうことを神に欲しさせるところの或る原因を神以前に假定してゐるからである。

さて更にかういふ問題が起る、即ちあらゆる物が今現にあると違つた仕方で神から永遠この方創造され、或は整序され・豫定されたとしたら、その場合にも神は現在と同様に完全であつたらうか、と。

これに對しては次のやうな答になる。若し自然がその現にあると違つた仕方で永遠この方創造されてゐたとしたら、神に意志と知性を歸する人々の主張から言へば、神はその當時今とは異なれる意志と異なれる知性を有してゐてそれに從つて異なつたやり方をしたのだといふことが必然的に歸結されねばならぬ。從つて人々は、神が現在は當時と異なつた性格を有し又當時は現在と異なつた性格を有することを認めざるを得なくなる。故に我々は神が現在最完全者であると假定するなら、一切を異なつて創造した當時は最完全者でなかつたと主張せざるを得なくなるであらう。

これらすべては明白な不條理を含む事柄であつて、現在に於ても過去に於ても又あらゆる永遠に亙つても不變であり不變であつたし又不變であるであらうところの神には決して歸せられ得ないことである。

更にこのこと〔神は物を現在あると異なつて作ることが出來なかつたこと〕は我々が自由原因についで與へた定義からも證明される。即ち自由原因とは或ることをなし或はなさざる能力には存せず、ただ他の何物にも依存しないことにのみ存する。従つて神のなす一切は最も自由なる原因としての神に依つてなされ・結果されるのである。(四) 何故なら、神は萬物の第一原因である以上、神がなすこと或はなさざるを得ないことを神になさしめる或る物が神の中に存せねばならぬからである。このやうに我々は、自由が或ることをなし或はなさざることには存しないことを明らかにしてゐるし、又神をして或ることをなさしめるものは神自身の完全性以外の何ものでもないことをも示したのであるから、これからかう結論することが出來る。若し神をその行爲へ動かしたものが神の完全性でないとしたら、物は今現に在る通りには存在しなかつたであらうし、又さうした存在に到達し得なかつたであらう、と。〈これはかう言ふのも同然である。若し神が不完全であつたとしたら物は現に今在るとは異なつてあつたであらう、と。〉(五)

第一の屬性についてはこれだけにする。今や我々は神の特性と名づける第二の屬性に移り、それについて何を言ふべきかを見、次第に結末に至るであらう。

第五章

神の攝理（一）について

我々が〔神の〕特質或は特性と名づける第二の屬性は攝理（Voorzienigheid）である。これは、我々にとつては、全自然並びに個々物の中に見出されるところの、自己の有を維持・保存せんとする努力にほかならない（二）。何故なら、如何なる物も自己自身の本性に依つて自己の破滅を求めるやうなことはあり得ず、反對に各物は、自己の狀態を維持し改善せんとする努力を自らの中に有することと明らかだからである。この定義に基づいて我々は普遍的攝理及び個別的攝理を認める。普遍的攝理とは、各物が全自然の一部分である限りに於て創造され保持される所以の攝理である。個別的攝理とは、各物が自然の一部分としてでなく一の全體として見られる限りに於てそれぞれ自己の有を維持せんがために有する努力である。これは次のやうな例で説明される。人間の四肢は人間の部分である限りに於て攝理され・配慮される。これが普遍的攝理である。個別的攝理は、手足の各〻が（人間の一部分としてでなく一つの全體として）自己自らの幸福を維持し保存せんがために有する努力である。

第六章

神の豫定について

第三の屬性〔特性〕は、我々に依れば、神的豫定（goddelijke Praedestinatie）である。

一、我々は前に、神はそのなすところをなさずに置くことが出來ないこと、即ち神は一切をそれ以上完全であり得ない程完全に創つたことを證明した。

二、我々は同時に又、如何なる物も神なしには存在することも理解されることも出來ないことを證明した。

さて問題は、自然の中に何らかの偶然的な物が存するかどうか、即ち生起する（二）ことも可能であるし生起しないことも可能であるやうな物が存するかどうか、といふことである。次に、何故それが在るかを我々が尋ねることが出來ないやうな何らかの物が存するかどうか、といふことである。

ところで、偶然的な物が何ら存しないことを我々は次のやうに證明する。

存在する何らの原因を有しない物は存在することが不可能である。

偶然的な物は何ら原因を有しない。

故に〔偶然的な物は存在しない〕。

第一前提は全く議論の餘地がない。

第二前提は次のやうに證明する。

偶然的である或る物がその存在のための一定原因を有するとしたら、それは必然的に存在せねばならぬ。しかしその物が偶然的であつて同時に必然的であるといふことは矛盾である。故に〔偶然的な物は原因を有しない〕。

恐らく人はかう言ふであらう。偶然的な物は或る一定の原因は有しないであらうが偶然的な原因は有する、と。若しさうだとしたら、それは分離的意味に於て（in sensu diviso）か合成的意味（in senso composito）に於てかでなければならぬ。即ち原因の存在それ自身が偶然的なのである——それが原因としては偶然的でなくても——か、それとも或る物が（それ自身は自然の中に必然的に存在してゐても）その偶然的な物の生起の原因であるといふことが偶然的なのであるか、どちらかでなければならぬ。しかしそのどちらも誤つてゐる。

何故なら、初めの件に關して言へば、若し偶然的な或る物がその原因の〔存在の〕偶然的なるが故に偶然的であるとしたら、その原因も亦それを生じた原因が偶然的であるが故に偶然的なのでなければならぬ。このやうにして無限に進む。然るに、我々の既に證明したやうに萬物は唯一の原因に依存してゐるのだから、さうなれば、この原因も亦偶然的でなければならぬことになり、これは明白な誤りである。

第二の件に關して言へば、若し原因が或ることをなすやうにも他のことをなすやうにも決定されなかつたとすれば、即ち或る物を生ずるやうにも生じないやうにも決定されなかつたとすれば、その物は或る物を生ずることも生じないことも不可能であつたであらう。これは正に矛盾である。

先に擧げた第二のこと、卽ち自然の中には何故にそれが存在するかを尋ね得ないやうな如何なる物も存しないといふことに關して言へば、我々はこの主張を以つて、我々は如何なる原因に依つて物が存在するかを常に探究せねばならぬ、といふことを示さうとしたのである。蓋し、原因が存在しなければ物の存在することは不可能であるから。

ところで我々は、この原因を事物の中にか事物の外にか求めなければならぬ。この際かゝる探求をなすための規則を問ふ者があれば、凡そ如何なる規則も必要とは思へぬと我々は答へる。といふのは、若し存在が事物の本性に屬するなら、我々は原因をその事物の外部に求めてはならぬこと明らかであり、又若しさうでないなら、我々は常に原因をその事物の外に求めねばならぬのであるから。しかし最初のことは神にのみ屬するのだから、これに依つて、（我々が既に前にも示したやうに）、神のみが萬物の第一原因であるといふことが證明される。そしてこれから同時に、人間のこの或はかの意志は、（意志の現實的存在はその本質に屬しないから）、やはり、それが必然的に惹起さるべき外的原因を有せねばならぬといふことが明らかになる。（二）このことは我々がこの章で述べたすべてのことからも明白なのであるが、更に我々が第二部で人間の自由について論述する時に一層明白になるであらう。

これらすべてに對して人々はかう駁論する。最高完全で萬物の唯一原因、指導者、配慮者であると言はれる神が、自然の中の至るところにこんな混亂の見られるのを許して置くことが如何にして可能であるか、又何故に神は、人間を罪を犯し得ないやうに創らなかつたのか――と。（三）

第一の點から言へば、自然の中に混亂があるといふことは正當な言ひ分でない。何故といふに何人も十分な判斷を下し得る程に事物のすべての原因を識つてはゐないからである。彼らの前記の駁論は次のやうな無知から來てゐる。即ち彼らは普遍的觀念〔一般的觀念〕を假定し、個物が完全であるためにはこの觀念と一致せねばならぬと考へるのである。(四) この觀念を彼らは神の知性の中に在りと主張する。例へばプラトンの追從者の多くはこの普遍的觀念（理性的動物とかその他さうしたやうなもの）が神に依つて創造されたと述べてゐる。そしてアリストテレスの流れを汲む人々は、これらの物が決して實的事物ではなく理性的事物に過ぎないと主張してゐるものの、やはり屢〻これを〔實際的〕事物と見做してゐる。その證據に、彼らは、神の配慮が個々物の上には及ばず類の上にのみ及ぶ、例へば神は決してその配慮をブケファロス(五)等の上には及ぼさず單に馬といふ全類の上にのみ及ぼす、とはつきり言つてゐるからである。彼らはまた、神が個々の可滅的な事物については何ら知識を有せず、たゞ普遍的な事物、彼らの意見に從へば不滅的であるところの事物、についてのみ知識を有すると主張する。しかし我々は正當の權利を以つて、これを彼らの無知に基づくものであると見る。何故なら、正に個々の事物のみが原因を有し、普遍的な事物は無であるが故に原因を有しないのであるから。

かくして神はたゞ個々の事物の原因であり配慮者である。そこで若し、個々の事物が何らかの他の本性と一致せねばならぬとすれば、それは自己自身の本性と一致することが出來ず、從つてその眞にあるところのものであり得なくなるであらう。例へば、若し神がすべての人間を墮落以前のアダムのやうに創つたとしたら、神はアダムのみを創つたのであつてペテロやパウロを創らなかつたことになるであらう。然し神が最小者から最大者に至るまでのすべての事物にその本質を與へること、よりよく言へば、神がすべての事物を完全に自らの中に有すること、これこそ神に於ける眞の完全性なのである。

第二の點、卽ち何故神は人間を罪を犯さないやうに創らなかつたかと言ふことに關して言へば、これに對しては次のことが答となるであらう。凡そ罪について言はれる一切は我々の立場からのみ言はれるのである。換言すれば、我々が二つの物を相互に比較し、或は〔一つの物を〕異なれる見地の下に見る場合にのみ言はれるのである。例へば、若し或る人が時計を作つてそれが鳴つて時間を表示するやうにしたとし、そしてその機械が製作者の意圖と全く一致したとすれば、我々はそれを善いものと言ひ、さうでない場合は惡いものと言ふ。しかし時を正しく表示しない場合でも、若し製作者の意圖が、狂つて時間はづれに鳴るやうな時計を作るにあつたとしたら、それは善いものであり得るであらう。

我々は結論して言ふ。ペテロは必然的にペテロの觀念と一致すべきであつて、人間の觀念と一致すべきでない。又善惡乃至罪は思惟の樣態にほかならないのであつて、それは我々が多分後で(六)もつと詳しく示すだらうやうに、決して事物ではない、或は現實的に存在するところの或る物ではない。

何故なら、自然の中に存在するすべての事物並びに作品は完全なのであるから。

第七章

神に屬しない屬性について

ここで我々は、普通神に歸せられてゐるが實際は神に屬しない屬性*について、又人々がそれに依つて神を定義しようと試みてゐるが結局充分な定義になつてゐないやうな屬性について、更に又眞の定義の法則について述べるであらう。

* 神をして神たらしめる所以の屬性に關して言へば、それは、その各がそれ自らで無限に完全でなければならぬところの無限數の實體〔屬性〕のみである。これが必然的にさうでなければならぬことを我々は明瞭判然たる諸理由に依つて確信する。しかしこれらすべての無限な實體のうち、それ自身の本質に依つて我々に識られてゐるものは、現在までのところ、二つだけだといふことは事實である。それは思惟と延長である。そのほかに普通神に歸せられる一切は、神の屬性ではなくて、神に歸せられ得る一定の樣態に過ぎぬ。この樣態は、すべてに卽ち神のすべての屬性に關して神に歸せられるか、或はその一つの屬性に關して神に歸せられるかである。すべてに關してといふのは、神が唯一である、永遠である、自己自身に依つて存在する、無限である、萬物の原因である、不變である、の如きである。一つの屬性に關してといふのは、神が全知である、賢明である等々（これは思惟に屬する）の如きであり、又神が遍在的である、一切を充す者である等々（これは延長に屬する）の如きである。

これをなすに當り我々は、一般の人々が通常神について有する色々な虚構的觀念にはあまり心を勞しないことにしよう。我々はただ哲學者たちがそれについて我々に告げ得てゐることを簡單に吟味するだけにしたい。

哲學者たちは神をかう定義してゐる。自己自身から或は自己自身に依つて存在する實有、萬物の原因、全知、全能、永遠、單純、無限、最高善、無限なる慈悲者等々と。

しかし我々はこの吟味に立ち入る前に、彼らが我々に告白してゐるところのことに注意して見たい。

第一に彼らは言ふ、神に關して眞の或は合法的の定義を與へることは不可能である、と。彼らの見解に依れば、どんな定義も類（geslagt）と種差（onderscheid）とから成立しなければならないのに神は如何なる類の種でもないから神を正當に或は合法的に定義することは出來ないといふのである。(一)

第二に彼らは言ふ、定義は物を端的に且つ肯定的に表現せねばならぬから神は定義され得ない、と。彼らの主張に依れば、我々は神について肯定的には知り得ずただ否定的に知り得るのみであるから我々は神について何ら合法的な定義を與へることが出來ない(二)と言ふのである。

そのほか彼らはかう言ふ、神は何ら原因を有しないから決してアプリオリに證明されることが出來ない。(三)ただ蓋然的にのみ或は自らの諸結果に依つて〔即ちアポステリオリに〕のみ證明され得るだけである、と。

彼らはこれらの主張に依つて、神に關する彼等の知識が極めて些少で貧弱なものであることを充分我々に告白してゐるのである。だから我々は今や彼らの定義を吟味することに移るであらう。

第一に、我々の見るところでは、彼らはその中で何らの Attributa を、即ち物(神)の何たるかを認識せしめる所以の屬性を我々に示してゐない。ただ若干の Propria を、即ち或る物に屬しはするがその物の何たるかを決して説明しない特性を示してゐるに過ぎない。何故なら自己自身に依つて存在するとか、萬物の原因であるとか、最高善であるとか、永遠であるとか、不變であるとか等々は、神にのみ特有ではあるが、しかし我々はそれらの特性に依つて、その實有〔神〕の何たるかや又これらの特性が歸せられるその實有〔神〕が如何なる屬性を有するかを知ることが出來ないからである。

次に彼らが神に歸してはゐるがしかし神には屬しないところの事柄を考察する時である。例へば全知であるとか、慈悲的であるとか、賢明であるとか等々の事柄である。これらの事柄は思惟する物の一定の様態に過ぎないのであるから、實體——それらがその様態であるところの——なしには存在することも理解されることも出來ないのであり、從つて又それは、他のものの助けなしに自分自身のみに依つて存在する實有である神には歸せられ得ないのである。

* これは神をその在るすべてに關して即ちそのすべての屬性に關して見た場合のことである。これについては九九—一〇〇頁を見よ。

終りに、彼らは神を最高善と名づける。しかし、若し彼らがこれに依つて彼らの既に述べたこと、即ち神が不變で且つ萬物の原因であるといふこと以外の他のことを理解するなら、彼らは彼ら自身の思想に於て混亂してゐるか、或は彼ら自らの言ふところを理解し得ないでゐるのである。このことは善及び惡に關する彼らの誤解から來てゐる。といふのは、彼らは神がでなく人間自身がその罪や惡の原因であると信じてゐるのであるから。しかしさういふことは、我々の既に證明したところに依れば、(四)あり得ない。そんなことになれば、我々は人間が自分自身の原因であることを認むべく餘儀なくされるであらう。しかしこのことは、我々が後で人間の意志について論ずる時に一層明らかになるであらう。

今や我々は、彼らが神の認識に關する彼らの無知を辯明するのに用ひてゐる遁辭を破碎せねばならぬ。

第一に彼らは主張する、合法的な定義は類と種差から成らねばならぬ、と。そしてすべての論理學者がこれを容認するけれども、私は彼らが何を根據としてそれを言つてゐるのかを知らない。全く若しこれが眞實であるとすれば、我々は凡そ何ごとをも識ることが出來ないのである。

といふのは、若し我々が種と類から成る定義に依つてのみ初めて物を完全に知り得るとすれば、自らの上に何らの類を有しない最高類を我々は決して完全に知ることが出來ない。さて若し他のすべての事物の認識の原因である最高類が識られないとすれば、この類に依つて說明せられる他の事物は尚更のこと理解されることも認識されることも出來ないではないか。

しかし我々は自由の立場に在り、決して彼らの主張に拘束されるとは信じないから、我々は眞の論理學に基づき、自然に關して我々のなしてゐる區分に應じて、定義の他の法則を提示するであらう。(五)

さて我々は既に屬性(或は他の人々の名づけるところに依れば實體)は事物であることを見た。

もつと正確に、もつと適當に表現すれば、それは自分自身に依つて存在する一實有〔の構成物〕、從つて自分自身に依つて自分自身を認識せしめ自分自身を示現するものであることを見た。

他の事物はかうした屬性の樣態に過ぎないことを我々は見てゐる。そしてそれはこの屬性なしには存在することも理解されることも出來ない。

そこで定義には二種類なければならぬ。

一、自己存在的實有の屬性の定義。これらの屬性は何らの類を、或はそれがよりよく理解され説明されるための何らの物を要しない。何故ならそれが自分自身に依つて存在する實有の屬性として(六)存在する以上、それは自分自身に依つて認識されるからである。

二、自分自身に依つて存在せず、自らが樣態となつてゐるところの屬性に依つてのみ存在する事物〔の定義〕。かうした事物はその類としての屬性に依つて理解されねばならぬのである。

これが定義についての彼らの主張に關して〔言はるべきこと〕である。

第二の主張、卽ち神は我々に妥當に〔十全的に〕認識されることが出來ないといふことについては、デカルト氏がこの問題に關する駁論への答辯の中で十分答へてゐる、十八頁參照。(七)

第三の主張、卽ち神はアプリオリには證明され得ないといふことに關しては、同樣に我々に依つて既に前以て答へられてゐる。神は彼自身の原因であるから我々は神を彼自身に依つて十分證明することが出來るのである。かうした證明は一般に外的原因のみに基づくアプリオリ(八)の證明より遙かに的確である。

第八章

能産的自然について

さて我々は他のことへ移る前に簡單に全自然を區分しよう。即ち能産的自然と所産的自然(一)とに。能産的自然とは、我々がこれまで定義したすべての屬性のやうに、自分自身以外の他の物を要せずにそれ自身で明瞭判然と概念される實有と解する。これは即ち神である。トマス學徒もこれを神と解したけれども、彼らの能産的自然は（彼らに依れば）すべての實體の外に在る實有であつた。

所産的自然を我々は二つに、即ち普遍的な所産的自然と個別的な所産的自然とに分つ(二)。普遍的な所産的自然は、神に直接依存するすべての様態から成る。これについては次章で論ずるであらう。個別的な所産的自然は、普遍的な様態に依つて生ぜられるすべての個々物から成る。故に所産的自然は、正しく理解される爲には、何らかの實體(三)を必要とする。

第九章

所産的自然について

さて普遍的な所産的自然、即ち神に直接依存し或は神から直接に創造された樣態乃至被造物について言へば、我々はそのうちの二つだけしか識つてゐない。それは物質に於ける運動（Bewe-ginge in de stoffe）と思惟するものに於ける知性（Verstaan in de denkende zaak）とである。この二つは、我々の考に依れば、あらゆる永遠からこの方存在してをり且つあらゆる永遠に亙つて不變であるであらう。まことに創り主の偉大さにふさわしい偉大な作品である。

特に運動に關すること、例へばそれがあらゆる永遠からこの方存在してをり且つあらゆる永遠に亙つて不變であるであらうこと、自己の類に於て無限であること、自分自身に依つては存在することも理解されることも出來ずただ延長を媒介としてのみ存在し理解されること、さうしたことは本來ここよりも自然科學に關する論文に屬する。だからこれらすべてのことについては我々は敢てここで取扱はないであらう。ただそれについて我々は、それが神の子、神の作品、神から直接に創造された結果であることを言ふに止めよう。*

* 注意。ここに物質に於ける運動について言はれてることは眞劍な氣持で言はれてゐるのでない。何故なら著者は今も尙これについて原因を發見しようとしてゐるのだから（アポステリオリには或る意味で既に發見したやうに）。しかしここはこの

まゝでよいのだ。何らの說もこの上に築かれてゐるわけでなく、又何らの說もこれに依存させられてゐるわけでないのだから。(一)

思惟するものに於ける知性に關して言へば、これも亦前者と同樣神の子、神の作品、神の直接的創造物であり、やはりあらゆる永遠からこの方神に依つて創造されてをり且つあらゆる永遠に亙つて不變であるであらう。彼の唯一の特性は、あらゆる時に於て一切を明瞭判然と認識するにある。そしてこれから無限な或は最高完全な滿足が常住的に湧出する。彼はそのなすところをなさずに置くことが出來ないのであるから。そして我々が今ここで述べてゐることはそれ自身で充分明白であるけれども、我々はこれを尙後で感情に關する議論に際して一層明瞭に證明するであらう。(二)だからここにはそれについてこれ以上述べない。

第十章

善及び惡とは何か

善及び惡とは本來何であるかを簡單に說明するために、我々は次のやうにはじめるであらう。若干の物は我々の知性の中にのみ在つて自然の中に無い。それは我々自身の作品に過ぎず、物を判然と理解するのに役立つのみである。異なれる事物の間の關係を表はす概念はすべてこの中に入る。我々はこれを理性の有（一）と呼ぶ。

ところで問題は、善及び惡が理性の有に屬するかそれとも實的有に屬するかといふことである。しかし、善及び惡は單に關係を表はすものにほかならぬから、それが理性の有の中に入れらるべきこと疑ひない。或るものが善いと言はれるのは、それほど善くない或る他のもの、或はそれほど我々に有用でない或る他のものに關係してのみ言はれるからである。例へば、或る人間が惡いと言はれるのは、より善い人間と比較してのみ言はれるのであり、或る林檎が惡いと言はれるのも、善い或はより善い他の林檎と比較してのみ言はれるのである。

すべてかうしたことは、比較してさう呼ばれる他のより善きもの或は善きものが存しなかつたとしたら言はれ得なかつたであらう。

從つて或る物が善いと言はれるのは、それがさうした物について我々の有する普遍的觀念（一般的觀念〕と一致すると言ふ意味にほかならない。

しかし、我々が前に既に述べたやうに、（二）物はその個別的觀念と一致すべきである。個別的觀念の對象のみが眞の實在性（三）を有するのであるから。そして決して普遍的觀念と一致すべきでない。普遍的觀念と一致すればそれは全然存在しないものになるであらうから。

〈我々が今述べたことをもつと確かにするため、事態は我々にとつて既に明白であるけれども、所説のしめくくりとして次の證明を附加するであらう。

自然の中に存在するすべてのものは事物か作用かである。

しかるに善及び惡は事物でも作用でもない。

故に善及び惡は自然の中に存しない。

といふのは——若し善及び惡が事物か作用かだとしたら、それは自らの定義を持たねばならぬ。しかし善及び惡、例へばペテロの善さ、ユダの惡さは、ユダやペテロの本質を離れて何ら定義を有しない。ユダやペテロの本質のみが自然の中に存し、善惡はペテロやユダの本質を離れて定義されないからである。

故に、上記のやうに、善及び惡は自然の中に存する事物でも作用でもないといふことになる（四）〉

第二部

人間

並びに人間に屬するものについて

序言

我々は第一部に於て神並びに普遍的・無限的事物について語つたから、今やこの第二部では個別的・限定的事物の論述に移るであらう。しかしそのすべてについてではない。何故なら、さうしたものの數は無數であるから。我々はたゞ、人間に關することどもについてだけ論ずることにするであらう(一)。

先づ初めに、人間が若干の樣態（我々が神の中に認めた二つの屬性の內に含まれてゐるところの）から成つてゐる限りに於て人間が如何なるものであるかを考察するであらう。私が「若干の樣態から」と言ふのは、人間が靈魂、精神*（ziele）、乃至身體から成つてゐる限りに於て實體であるとは決して考へられないからである。

* 一、(二)我々の精神は實體であるか樣態であるかである。實體ではない。何故なら自然の中に限定された實體は存しないことを我々は既に證明してゐるから。故に樣態である。
二、樣態だとすれば實體的延長の樣態であるか、實體的思惟の樣態であるかでなければならぬ。延長の樣態ではない。何

故なら云々。故に思惟の様態である。

三、實體的思惟は限定されたものであり得ないから、自己の類に於て無限に完全であり、そして神の一屬性である。

四、完全なる思惟は、現實的に存在するありとあらゆる物について——實體についても様態についても例外なく——認識、觀念、思惟様態を有せねばならぬ。

五、我々は「現實に存在する」と言ふ。何故なら、ここで我々は、あらゆる物の本性をその個別的存在とはかゝはりなくその本質との連結に於て完全に知るところの認識、觀念等について語つてゐるのではなく、その都度都度存在して來る個々物の認識、觀念等についてのみ語つてゐるのだからである。

六、現實的に存在する各の個物についてのこの認識、觀念等は、我々の見解に依れば、その個物の精神なのである。

七、現實に存在するありとあらゆる個物は運動と靜止とに依つてさうしたものになる。そしてこのことは我々が物體と名づける實體的延長のすべての様態についてあてはまる。

八、これらのものに見られる相違性はただ運動と靜止の異なれる割合からのみ生じ、それに依つてこれがこのやうであつてあのやうでなく、又これがこれであつてあれでないといふことになる。

九、運動と靜止のかうした割合から我々のこの身體の現實的存在も出てくるのである。そしてこの身體についても(他のすべての事物についてと同じく)思惟するものの中に認識や觀念が存せねばならぬ。これが我々の觀念、認識、ひいては我々の精神なのである。

十、然し我々のこの身體は、まだ胎兒だつた時には運動と靜止の異なれる割合にあつたし、又後で我々が死ぬ時にはもつと別な割合にあるであらう。しかしそれにもかゝはらずかつて〔生前〕も又後で〔死後〕も、現在と同樣、思惟するものの中に我々の身體の觀念や認識があつたし又あるであらう。しかし決して同一〔觀念や認識〕ではない。何故なら身體は現在運動と靜止とに關して異なれる割合にあるのであるから。

十一、我々の精神が現にあるやうなさうした觀念、認識、思惟様態を實體的思惟の中に生ずるために要求されるのは、何らかの任意な身體ではない(それではそれは今あるとは異なつたものとして認識されねばならぬであらうから)。要求されるのは正に運動と靜止に於てそのやうな割合を有するさうした或る身體であつて、それ以外のものではない。何故なら、身體があ る通りに精神、觀念、認識等はあるのだからである。

十二、さうした或る身體がかゝる割合、例へば一對三の割合を所有し且つ保持する限り、その精神とその身體は、我々のそれが現にある通りにあるであらう。そしてたとへそれは絶えざる變化を受けるにしても一對三の限界を越える程大きい變化を受けない。しかし身體の變化する度合に從つて精神も常にそれだけ變化する。

十三、他の諸物體が我々に作用することから生ずる我々に於けるこの變化は、精神――常にこれに應じて變化するところの――に認知されることなしには生じ得ない。そしてこの變化〔の意識〕は本來我々が感覺と名づけるところのものである。

十四、しかし他の諸物體が我々の身體に甚だ强度に作用して一對三といふ運動と〔靜止〕の割合が保たれ得ないことになれば、それは死を意味する。そしてそれは又精神の破滅でもある。精神が單に運動と靜止に於けるこのやうな割合を有する身體の觀念、認識等であるに過ぎない限りは。

十五、しかし精神は思惟的實體に於ける樣態であるから、精神は又この實體並びに延長的實體をも識り且つ愛することが出來る。そしてこれらの實體（それは常に同一で變らない）と合一することに依つて精神は自分自身を永遠ならしめることが出來る。

蓋し我々は既に本書の初めに於て、一、如何なる實體も初まりを有し得ないこと、(三) 二、一つの實體は他の實體を産出し得ないこと、そして最後に三、二つの等しい實體は存し得ないことを示した。ところで人間は永遠からこの方存在したのでなく、限定せられ、且つ他の多くの人間と等しいものであるから、決して實體ではあり得ない。從つて、彼が思惟について有する一切は、我々が神に歸した思惟的屬性の樣態にすぎない。又彼が形態、運動、その他の事物に關して有する一切は、同樣に、我々が神に歸した他の屬性の樣態である。

この事實、即ち人間の本性は屬性――我々自身が以つて實體的なものと認めてゐるところの

——なしには存在することも理解されることも出來ないといふ事實からして、若干の人々は、人間が一の實體であることを證明しようと力めてゐる。しかしこれは誤まれる前提に基づいてゐるにほかならない。

抑も、物質乃至物體の本性はこの人間身體の形態が存しない以前すでに存在したのである以上、この本性は人間身體に特有なものでない。人間がまだ存在しなかつた時にはそれは決して人間の本性に屬し得なかつたこと明らかだからである。

又彼らが根本規則と見做してゐること、卽ち「それがなければ或る物が存在することも理解されることも出來ないやうなものがその或る物の本性に屬する」といふことを我々は認めない。何故といふに、我々が既に證明したやうに、神なしには如何なる物も存在することも理解されることも出來ぬから、つまり神はこれらの個物が存在し理解される前に存在し理解されねばならぬからである。

その上我々は、類がすべての定義に缺くべからざるものでないこと、しかし他物なしには存在することが出來ぬやうな事物は又その他物〔類〕なしには理解され得ないことを示した。

このやうな次第とすれば、或る物の本性に何が屬するかを知るために我々は如何なる規則を立てるべきであらうか？

規則は次の通りである、——「それがなければ或る物が存在することも理解されることも出來ないやうなものがその或る物の本性に屬する」といふだけではなく、この命題が常に轉換され得るやうでなければならぬ、卽ち逆に「それの方もその或る物がなければ存在することも理解され

ることも出來ない」と言つたやうでなければならぬ。(四)

さて人間を構成する諸樣態について我々は次の第一章の初めに於て論じ出すであらう。

第一章（一）

臆見、信念、知識について

人間を構成する諸様態についての考察をはじめるために、我々は次のことを述べるであらう。一、それが如何なるものであるか。二、それの結果。三、それの原因。

第一の點に關して、我々は先づ、我々に最初に識られる諸様態から、即ち我々の外部にある物について（二）の若干の概念並びに我々自身の認識即ち自意識からはじめるであらう。

これらの概念を我々は、一、單に信念（三）（この信念は經驗からか傳聞から生ずる）に依つて得るか、二、それとも眞の信念に依つて得るか、三、或は又明瞭判然たる認識に依つて得るかである。

第一のものは通常誤謬に從屬する。第二のもの及び第三のものは、相互に異なるものであるとは言へ、誤まることはあり得ない。

これらすべてをもつと明瞭に理解するために、我々は比例法則（de regul van drien）からとつた一つの例を擧げよう。

或る人は、比例法則に於て、第二の數に第三の數を乘じこれを第一の數で除すると、第二の數が第一の數に對すると同じ割合を第三の數に對して有する第四の數が出て來ることを、單に傳聞で知つた。そして彼は、これを傳へた人が嘘を言つたかも知れないなどいふことは考へずに、それに從つて自分の計算を行つた。しかも盲目者が色彩について有する以上の知識を比例法則について有することなしにそれを行つたのである。從つて彼がそれについて何を言ひ得やうとも、彼はその一切を丁度、鸚鵡が人から敎へられたことをしやべるやうにしやべつたに過ぎないのである。

他の人は、もつと頭の働きが活潑で、單なる傳聞ではさう容易に滿足せず、實際に若干の計算でこれを試し、その計算がそれと一致するのを見た上でそれに信を置く。しかし、この人も誤謬に從屬すると我々が言つたのは當然である。何故なら、若干の特殊な場合の經驗が彼にすべての場合の規則たり得ることがどうして彼に確實であり得やうか。

第三の人は、傳聞が誤りやすいものであるから傳聞にも滿足しないし、又若干の特殊な場合の經驗だけでは規則になり得ないから經驗にも滿足しないで、眞の理性に諮《はか》る。理性は、正しく用ひさへすれば、決して人を欺くことがないからである。そして理性は、これらの數に於ける比例の性質に依つてそれがかくかくであつてそれ以外であり得ず又それ以外になり得ないことを彼に告げるのである。

然し第四の人は、極めて明瞭な認識を有してゐて、傳聞をも經驗をもまた推理術をも必要としない。何故なら彼は、直觀に依つて一擧にすべてのさうした計算の中に比例性を觀てとるからである。

第二章

臆見、信念、及び明瞭な認識とは何か

我々はこれから、前章で述べた諸種の認識の結果を考察することに移るであらう。そして、いはゞついでに、もう一度、臆見、信念（一）及び明瞭な認識の何たるかを語るであらう。

我々が第一のものを臆見（Waan）と名づけるのは、それが誤謬に從屬してをり、そしてそれは我々が確實に知る物については決して生ぜず、たゞ臆測や意見が問題になる場合にのみ生ずるからである。

第二のものを信念（Geloof）と名づけるのは、我々が單に理性に依つて把握する事物は我々に觀られてゐるのでなく、たゞ精神の確信に依つて、それがさうでありそれ以外でないことが我々に識られてゐるに過ぎぬからである。

然し我々が明瞭な認識（Klaare Kennisse）と呼ぶものは、理性の確信に依つてではなく、事物それ自身を感覺し享受することに依つて生ずるものである。そしてこれは他の兩者より遙かに勝れてゐる。

これを前提として、我々は今やその結果に移らう。

これについて我々はかう主張する。第一のものからは善き理性に矛盾するすべての感情（受働

感情〕（Lijdinge）が生ずる。第二のものからは善き慾望が、又第三のものからは眞にして正しき愛がそのすべての派生物と共に生ずる。

このやうにして我々は認識を、精神に於けるあらゆる感情〔廣義の感情〕の最近原因と認めるのである。何故なら人は、上記のやうな方法乃至様式のどれかに基づいて何らかの概念なり認識なりを有しない限り、愛、慾望或は他の何らかの意志の様態に動かされるといふことは全然不可能だと我々は考へるからである。（二）

第三章

臆見から生ずる感情について

さて我々はここで、如何にして諸の感情（受働感情）が、我々の今しがた言つたやうに、臆見から生ずるかを見てみやう。これを分りやすくやるために、我々はそのうちから若干のものを選びとり、これを例として我々の主張を證明しよう。

（一）先づ最初に驚異を擧げたい。これは第一の様式で物を認識する人々に見出される。即ちかゝる人は若干の特殊な事實から普遍的な推理をするから、その推理と反するものを見る時びつくりする。* 例へば、尾の短い羊しか見たことのない者が尾の長いモロッコ産の羊を見て驚異を感ずる如きである。

* これは、驚異には常に正式の推理が先行せねばならぬと言つた風に嚴密に解すべきではない。さういふ推理が先行しなくとも驚異は生ずる。即ち、或る事物が常に我々の見聞きし乃至理解し慣れてゐる通りにありそれ以外でないといふことを暗默裡に信ずる場合にも生ずる。例へばアリストテレスが「犬とは吠える動物である」と言ふ時、それで吠えるものはすべて犬であるといふ推理をしてゐるのである。しかし百姓が「犬」と言ふ場合、それはアリストテレスがその定義を以つてしたと同じことを暗默裡に理解してゐるのであり、從つて百姓は吠える聲を聞くとすぐ「あれは犬だ」と言ふのである。そこで若し一たび他の種類の動物が吠えるのを聞くと、何らの推理をしなかつた百姓も推理をしたアリストテレスと同樣に驚いて

了ふことになる。

尙又我々が以前に決して考へなかつたやうな物を認める場合でも、それは實際に我々がその全體に於てなり部分的に於てなり以前に全然知らなかつたやうなものでなく、ただそれがすべての點に於て同じ状態にないだけであるか、又は我々がそれからこれまで同じやうな刺戟を受けなかつただけであるといふ場合が屢〻ある。

同様に、或る百姓について次のやうな話がある。彼は自分の畑のほかには何らの畑も存しないと信じ込んでゐたが、たまたま牛を見失つて他所へ遠く探しに行かねばならぬ破目になつた時、自分の僅かな畑のほかにまだ實にたくさんの他の畑があるのに驚いたといふのである。かうしたことは確かに多くの哲學者にも――彼らの住むこの小さな畑即ち地球のほかには何らの世界も存しない（彼らは他の世界を見たことがないから）と思ひ込んでゐた哲學者たちにも起らざるを得ない。

然し驚異は眞の推理をなす人には決して生じ得ないのである。

これが第一の例である。

次は愛である。

愛は眞の概念からか、意見(二)からか、或はまた最後に傳聞のみから生ずるのであるから、我々は先づそれが如何にして意見から生ずるか、次にそれが如何にして〔眞の〕概念から生ずるかを見ることにしよう。何故なら第一のものは我々を破滅に導き、第二のものは我々を最高幸福に導くからである。そしてそれから最後のものに移るであらう。

第一のものに關して言へば、或る人が或る善き物を見或は見ると思ふ度に、その人は常にそのものと合一するやうに傾く。そして彼はその中に認める善の故にそれを最善のものとして選び、それのほかにはより善き物或はより快適な物を知らないといつた有樣である。

然し偶〻彼が、今彼に識られてゐる善よりもより善き或る物を識るに至れば（かうしたことはかゝる事物にあつては極めて起りがちなことだが）、彼の愛は直ちに初めのものからこの第二のものへ移行する。これらすべてを我々は人間の自由について論ずる場合にもつと明瞭に示すであらう。

眞の概念から生ずる愛については、ここはそれを述べる適當な場所でないから今は割愛するとして、最後の第三のもの、即ち傳聞のみから生ずる愛について述べよう。

これは通常子供たちがその父に對する場合に見られる。その父がこれ或はあれを善であると言ふが故に子供たちはそれについてそれ以上何も知らないのにそれへ傾くのである。

これはまた祖國のために愛を以つて自己の生命を捨てる人々や、又或るものに關する傳聞に基づいてその物に惚れ込むやうになる人々にも見られる。

次に、愛と正反對であるところの憎み《にくしみ》は、やはり意見の產物たる誤謬から生ずる。例へば、或る人が或る物を善であると推定し、そして他の人がたまたまそれの害になるやうなことをする場合、彼の中にはそれをした人に對し憎みが生ずる。しかしかうしたことは、我々が後で示すだらうやうに、若し彼が眞の善を識るとしたら、決して彼に起り得なかつたであらう。何故なら、凡そ存在し或は考へられる一切のものは、眞の善と比較すれば慘めさそのものにほかならない。そして、さうした慘めなものの愛好者は、憎みに値するよりも一層多く憐みに値するではないだらうか。

最後に又憎みは傳聞だけからも生ずる。これはユダヤ人やキリスト教徒に對するトルコ人、トルコ人やキリスト教徒に對するユダヤ人、又ユダヤ人やトルコ人に對するキリスト教徒に於て見られるところである。全く、彼らの多くは、相手の宗教や風俗に關して何と無知であることであらう。

慾望について言へば、それが單に（或る人々の主張するやうに）缺けてゐるものを得ようとする願望乃至傾動に存するにしても、又（他の人々が主張するやうに）我々が現在既に享受してゐるものを保持しようとする願望乃至傾動に存するにしても、*それは善く見える或るものに關してでなくては何人にも起り得ないこと確かである。

*〈初めの定義がよろしい。何故なら、物が享受されると慾望は止むからである。その後に於て我々に殘る「その物を保持しよう」といふ心的狀態は慾望ではなくて愛する物を失ふことの恐れである。〉

從つて慾望は、前に述べた愛と同樣に、第一種の認識の產物であること明らかである。即ち人は或る物が善であることを聞くとそれへの願望乃至傾動を感ずるのである。これは例へば、これこれの藥が自分の病苦に善いと醫者が言ふのを聞いただけで直ちにそれを欲しがる病人の場合に見られる。

欲望はまた經驗からも生ずる。これは例へば醫者〔自身〕の處置に際して見られる。卽ち醫者は、或る藥が善いことを何回か經驗すると、それを確實不動のものと思ひがちなものである。

我々が今以上の諸感情について述べたことは他のすべての感情についても言はれ得る。これは誰にも明らかなところであらう。

さて我々は以下に於てそのどれが合理的であり又そのどれが非合理的であるかの探究に取りかゝるのであるから、今は先づこれだけにして、これ以上述べないであらう。

第四章

信念から何が生ずるか

我々は前章で、臆見の誤謬から如何にして諸〻の感情が生ずるかを説明したから、ここでは一応他の二つの認識様式の結果を見ることにしよう。先づ我々が眞の信念と名づけたところのものの結果を。*

*〈この信念は諸理由に基づく强力な心證である。詳言すれば、或る物について私が私の知性の中で確信する通りにその或る物が私の知性の外部にも實際に且つその通りにあることを私に私の知性の中で確信させる所以の諸理由、さうした諸理由に基く强力な心證である。「諸理由に基づく强力な心證」と私は言ふ。これはそれに依つて一方臆見(常に疑はしく且つ誤謬に從屬するところの)と區別し、他方明瞭な認識(理由に基づく確信には存せずして物自身との直接的合一に存するところの)と區別するためである。又「或る物が我々の知性の外部にも實際に且つその通りにある」と私は言ふ。「實際に」と言ふのは、理由なるものはかゝることに關して私を欺き得ないからである。さうでなくてはそれは臆見と區別されないであらう。「その通りに」と言ふのは、それは或る物が何であるべきかを私に示し得るだけで、眞實に何であるかを示すことは出來ないからである。さうでなければそれは明瞭な認識と區別されないであらう。「外部に」と言ふのは、それが我々に知的に享受させるものは、我々の内部にあるものでなくて我々の外部にあるものだからである。〉

この信念は我々に、或る物が何であるべきかを示しはするが、その物が眞實に何であるかを示しはしない。そしてこれは、この信念が決して我々を信念の對象と合一させ得ない所以である。

故に、この信念は或る物が何であるべきかを我々に教へるのみでその物が何であるかを教へはしない、と私は言ふのである。この二つの間には大きな相違がある。これは我々が比例法則から取つた例に於て見た通りである。卽ち、何人かが第二數の第一數に對すると同じ關係を第三數に對して有する第四數を比例法を通して見出し得る時、彼は（割算及び掛算を用ひた後で）この四數が比例關係になければならぬと言ふことが出來る。そしてそれがその通りだとしても、彼はやはり彼の外部にある物について語るが如くにそれについて語るのである。然し彼が我々の第四の例で示したやうな仕方で比例性を直觀するに至れば、彼は事物を眞實ある通りに語るのである。この場合事物は彼の外にでなく彼の內に在るのだから。第一の結果に關してはこれだけにする。

眞の信念の第二の結果は、我々を明瞭な認識へ導き、それに依つて神を愛するに至らしめ、かくして我々に我々の內に在る事物——我々の外に在る事物をではなく(一)——を知性的に認識させるにある。

第三の結果は、我々に善と惡の認識を與へ、抑壓すべきすべての感情を示すにある。そして、我々が既に述べた通り(二)、臆見から生ずる諸感情は大なる惡を伴ふから、それらの感情をこの第二種の認識に依つて淘汰し、その中に於て何が善であり何が惡であるかを觀察するのは徒勞でないであらう(三)。

これを適當にやるために、我々は前と同じやうな方法を用ひて諸感情を詳さに檢討し、それに依つて我々がそのいづれを選ぶべきか、又そのいづれを排斥すべきかを見てゆくであらう。

然しそれへ移る前に、我々はまず簡單に、人間の善及び惡とは何かについて語りたい。(四)我々は先に、すべての事物が必然的であること、又自然の中には善も惡もないことを述べた。從つて我々が人間について要求する一切は人間の類にのみあてはまる。そしてこの類は理性の有にほかならない。しかし我々が我々の知性の中に完全な人間の觀念を形成する場合、それは（我々が我々自身を觀察する時）さうした完全性へ到達する爲の何らかの手段を我々が有するかどうかを顧るよすがとなり得るであらう。そしてこの際我々をさうした完全性へ促進する一切を我々は善と名づけ、反對にこれを阻害するもの、或はさうした完全性へ我々を促進しないものを惡と名づけるのである。(五)

故に私が人間の善惡に關して何ごとかを述べようとすれば、私は或る完全な人間の觀念を形成せねばならぬと私は言ふのである。何故なら私が〔或る個人の〕例へばアダムの善惡について論ずるとしたら、私は實的有を理性の有と混同することになるだらうからである。さうしたことは嚴正な哲學者の十分念入れて避けねばならぬところである。その理由については後で又は他の機會に述べるであらう。(六)

更にアダム或は他の何らかの個々の被造物の使命は結果を通してでなくては我々に識られないのであるから、人間の使命について我々の言ひ得ることは、我々の知性が形成する完全な人間の概念の上に立脚せねばならぬといふことになる。* さうした人間の使命なら理性の有であるが故に容易に知り得る。又さうした人間の善惡も、思惟の樣態に過ぎないから、前述のやうに、容易に知ることが出來るのである。

*〈といふのは、個々の被造物からは決して完全なものといふ觀念を得ることが出來ないからである。被造物から得られる觀念の完全性、つまりその觀念が實際に完全であるか否かは、或る普遍的な觀念即ち理性の有からのみ推知され得るのだから。〉

かくて次第に要點に入る。[七] 我々は先に精神の運動、感情、作用が如何にして概念から生ずるかを示し又この概念を四種に、即ち單なる傳聞、經驗、信念及び明瞭な認識に分類した。そして今や我々はこれらのすべてのものの結果を見了つたのだから、これからして、第四種の認識即ち明瞭な認識が皆の中で最完全であることが明らかである。といふのは、臆見は我々を屢〻誤謬へ導く。眞の信念は、我々を、眞に愛するに價する物にまで勵ますことに依つて、眞の認識への道となる故にのみ善なのである。從つて我々の求める窮極の目的、我々の知る最高の目標は眞の認識である。

しかしこの眞の認識といへども、それに顯現する客體〔對象〕の如何に依つて異なる。即ちこの認識は、その合一する客體がよりよきものであるに從つてそれだけよきものなのである。故に最完全な實有であるところの神と合一してこれを享受する者が最完全な人間であることになる。

さて諸感情の中で何が善であり惡であるかを見出すために、我々は前言つたやうに、それを一つ一つ離して取り扱ふであらう。

まづ最初に驚異（Verwondering）[八] について。驚異は、無知からか或は偏見から生ずるのだから、それはこの感情に捉はれる人間に於ける一つの不完全性を示すものである。私は不完全性と言ふ。蓋し驚異はそれ自身だけでは我々を如何なる悪へも導かないのであるから。

第五章

愛について

愛(Liefde)は或る事物について我々の有する概念乃至認識から生ずる。そしてその事物が偉大で立派であると我々に思へるに從つて我々の愛も亦一層大である。

二つの仕方で我々は自分を愛から引き離すことが出來る。それはより善き事物を知ることに依つてか、或は偉大で立派だと思はれたその愛する事物が多くの不幸と禍ひを隨伴することを經驗することに依つてかである。

しかし、我々は決して愛から(驚異や他の諸感情からのやうに)解放されようと努めないといふのも亦、愛の一性質である。これは次の二つの理由に依る。一、それが不可能であるから。二、我々が愛から解放されないことが必要であるから。

不可能であるといふのは、愛することは我々に依存せず、單に我々が客體の中に認める善と利益にのみ依存するからである。若し我々がそれを愛しまいとすれば、我々はそれを豫め認識しないことが必要であつた。しかしさうしたことは我々の自由にはならない、或は我々に依存しない。何故なら、若し我々が何ものをも認識しなかつたとすれば、確かに我々も存在しなかつたであらうから。

次に愛から解放されないことが必要であるといふのは、我々は、我々の本性の弱小の故に何物かを享受し・それと合一し・それから强化されることなしには生存することが出來ないからである。

愛とは或る物を享受し且つこれと合一することにほかならないのだから、我々は人間が享受し・合一しようと力めるその客體に從つて愛を分類しよう（一）。

或る種の客體はそれ自身に於て可滅的である。他の客體はその原因に依つて非可滅的である。

しかし又單に自己の力と能力のみに依つて永遠且つ不滅であるやうな第三のものがある。

可滅的であるのは、昔から常にあつたものでないところの、即ち初まりを有したところの、すべての個物である。

第二のものは、個々の樣態の原因であると我々が言つたところのすべての〔普遍的〕（二）樣態である。

しかし第三のものは神である、或は——同じことだと我々は考へるが——眞理である。

さてこれら三種の客體のうち我々はどれを選びどれを捨つべきであらうか？

可滅的事物に關して言へば、既述のやうに我々は、我々の本性の弱小の故に、生存するため必ず何物かを愛してこれと合一せねばならぬのであるが、かゝる可滅的事物を愛してこれと合一しても我々の本性が强化されないことは確實である。さうした物自身が弱體であり、そして、一人の跛者は他の跛者を擔ふことが出來ないのであるから。

しかもかうしたものはただに我々に役立たぬばかりでなく、その上我々に有害でもある。といふのは、我々の主張に依れば、愛とは我々の知性が立派で善であると判斷するところの客體との合一であり、そして我々はこの合一を、愛するものと愛されるものとが一にして同一事物となるやうな、或はそれが相合して一の全體を構成するやうなさうした合一と解してゐる。だから、何らかの可滅的事物と合一する人間は確かに惨めである。といふのは、さうした事物は彼の力の外にあつて多くの偶然に左右されるものである以上、その事物が受働するに至れば彼もその受働から免れることが不可能だからである。

従つて我々は結論する。倘或る程度の本質性を有する可滅的事物を愛する人々にしてそのやうに惨めであるとすれば、全然本質性を有しない名譽、富、官能的快樂を愛する人々は如何に惨めであることとであらう、と。

さて理性が我々にかうした可滅的事物から遠ざかるやうに教へることはこれで十分明らかであらう。何故なら、我々が今し方述べたことからして、これらの物への愛の中に潜みかくれてゐる毒と悪が明らかに我々に示されるからである。しかし我々がさうしたものの享受に依つて何といふ優秀卓越な善から遠ざけられることに氣づく時、このことは遥かに一層明白に洞察されるのである。

倘今我々は、可滅的であるところの事物が我々の力の外にあると言つた。しかし我々のこの言葉をよく理解してほしい。我々はそれで、我々が何らかの意味で自由原因であつて他の何物にも依存しないなどと主張しようとしてゐるのではない。たゞ或る事物が我々の力の中に在り他の事物が我々の力の外に在るといふ時、我々の力の中に在るものといふのは、我々がその一部分であるところの自然の秩序と一致して或はさうした自然と合同して我々の作り出すものといふ意味で言つてゐるのであり、又我々の力の中にないものといふのは、我々の外部にあつて我々から何らの變化も受け得ないもの（さうしたものは自然に依つて定められた我々の眞の本質と相去ること甚だ遠いのであるから）といふ意味で言つてゐるのである。

進んで今や第二種の客體に移らう。これは永遠不滅であるけれども自らの力に依つてさうなのではないところの客體である。これについて少しく檢討を加へれば、それは單に神に直接依存する樣態〔普遍的樣態〕のみであることを我々は直ちに悟るであらう。だがそれは樣態であるから、我々は同時に神の觀念を持たずにはそれを理解することが出來ない。そしてこの神の中にこそ——神は完全である故に——必然的に我々の愛は止まらざるを得ないのである。

一言にして言へば、我々が我々の知性を正しく用ひる限り、神を愛せずに居るといふことは不可能であるであらう。

この理由は明白である。

一、神のみが本質性を有し、これに反して他のあらゆる事物は何らの本質性を有せず單に樣態であるといふことを我々は經驗で知つてゐる。さて樣態は、それが直接に依存する實有なしには正しく理解され得ない。又、既に示したやうに、我々は或るものを愛してもその愛するものより一層善きものを知るに至れば常にたちまちそれに赴き、初めのものを捨てるものである。以上からして、我々は、あらゆる完全性を獨り自らの中に有するところの神を識るに至れば必然的に神を愛せざるを得ない、といふことが不可疑的に歸結される。

二、我々は、物の認識に際して我々の知性を正しく用ひるなら、物をその原因に於て認識せねばならぬ。ところで神は他のすべての事物の第一原因であるから、ものの本性上（ex rerum natura）神の認識は他のすべての事物の認識に先立つ。他のすべての事物の認識は第一原因の認識から生ぜねばならぬのであるから。さて眞の愛は常に或る事物が立派で善であるといふ認識から生ずる。然らば眞の愛は何人に向つてよりもより熱烈に主《しゅ》なる我々の神に向つて注がれ得るといふこと以外の何が歸結され得やう。神のみが唯一の立派なもの、完全な善なのであるからには。

　このやうにして我々は、如何にして愛を强化し得るか、又如何にして愛がひとり神の上にのみ止まらざるを得ないかを知るのである。

　我々がこの上愛について言ふべきことは最後の種類の認識について取り扱ふ時に述べることにする。これから我々は引き續き、前の約束に從つて、諸感情のうちのいづれを採りいづれを捨つべきかを考察してゆくことにしよう。

第六章

憎みについて

憎《にく》み(Haat)とは、我々に何らかの害惡をもたらした物を我々から退けようとする心の傾向である。

ところでここに注意せねばならぬのは、我々は我々の行動を二様の仕方でなし得ること、即ち感情(受働感情)を伴つてもなし得るし感情を伴はずにもなし得るといふことである。

感情を伴つてといふのは、通常怒らずにすまされないやうな何らかの過失をやつた下僕に對する主人の態度に見られるところである。

感情を伴はずにといふのは、ソクラテスについて言はれてゐるやうな場合であつて、ソクラテスはその下僕を改善のため懲罰しなければならなかつた時も自分の心がその下僕に對して激してゐることに氣づくとそれをしなかつたといふのである。

さて我々の行動は感情を伴つても又感情を伴はずにもなされ得ることが分つたから、我々を妨げる事物或は妨げた事物でも、必要とあらば、心の動搖なしに退けられ得ることが明白であると我々は考へる。そこで我々が事物を嫌惡(Afkeer)又は憎みを以つて避けるのと、それを理性の力に依つて心情の動搖なしに(何故ならさうしたことが可能だと我々は考へるから)耐えるのと、どちらが善いであらうか。

何よりも先づ、我々がなさねばならぬ事柄を感情なしになす場合それから何らの惡も生じ得ないといふこと確實である。そして善と惡の間には何らの中間物が存しないのであるから、感情を以つて事を行ふことが惡であるやうに、感情なしに事を行ふことが善でなければならないことを我々は知るのである。

しかし憎み乃至嫌惡を以つて事を退けることの中に何らかの害惡が潛んでゐるかどうかを我々は一應觀察してみよう。

意見〔臆見〕から生ずる憎みに關して言へば、さうしたものが我々の中に起るべきでないことは確かである。何故なら我々は、同一事物が我々にとつて或る時は善であり或る時は惡である（藥草の場合が常にさうであるやうに）ことを知つてゐるのだから。

故に結局問題は、憎みが我々の中に單に臆見に依つてのみ生じ眞の推理に依つては生じないかどうか、といふことである。しかしこれを正しく理解するには、憎みの何たるかを明瞭に説明してこれを嫌惡と區別するのがよいやうに思はれる。

ところで憎みとは、私の考へに依れば、故意に且つ意識して我々に何らかの害惡を加へた者に對する精神の動揺である。

しかし嫌惡とは、或る物の中に本性上具はつてると我々の知り或は思ふところの不快乃至害惡の故にその物に對して我々の中に生ずる心の動揺である。私は「本性上」と言ふ。それは、本性上さうだと思はない限り、たとへそれから妨害或は害惡を受けても、我々はそれを嫌惡しないからである。我々はむしろ何らかの利益をその物から期待し得るのだから。例へば人は、石やナイフから傷つけられても、その故に石やナイフに何ら嫌惡を持たないであらう。

以上の注意を終へたので、我々は今やこの兩者の結果を簡單に考察するであらう。

憎みからは悲しみが生ずる。そして憎みが大である時憎みは怒り（Toornigheid）を生む。怒りは、憎みと異なり、單に憎まれるものから逃れようとするだけではなく、出來るならそれを滅ぼさうとするものである。かうした大なる憎みからまた嫉妬（Nijd）が生ずる。

しかし嫌惡からも或る悲しみが生れる。我々は或る物を——實在してゐるからには常に自らの本質性と完全性とを有する筈の或る物を失はうとするからである。

今まで述べたことからして、我々は、我々の理性を正しく用ひる限り、如何なる物へも憎みや嫌惡を抱き得ないことが容易に理解される。我々は、若しさうすれば、各〻の物の中に具はる完全性を失ふことになるからである。

更に又我々は、理性に依つて、如何なる人に對しても決して憎みを抱き得ないといふことをも知る。何故といふに、自然の中に存する一切は、我々がそれについて何かを望むならば、それを常に我々のために、或は物自身のために、より善きものに變へねばならぬからである。

ところで、完全な人間は、我々が我々の周りに或は我々の眼前に有し得るすべてのもののうちで最善のものであるから、彼らを常にさうした完全な狀態に導くやうに努めることは我々にとつても又個々の人間にとつても何より大事なことである。このやうにしてのみ初めて我らは彼らから、又彼らは我らから、大きな利益を得ることが出來るのである。

これに達する手段は、我々が常に我々の良心自身から教へられ戒められる通りに彼らをいつも取り扱ふことである。蓋し良心は我々を決して我々の破滅に驅ることなく、常に我々の幸福に導くものであるからである。

最後に我々は注意する。愛が自らの中に完全性を含むと同じ程度に、憎みと嫌惡は不完全性を自らの中に含む。蓋し、愛は常に改善、强化、増大を、換言すれば完全性を結果するに反し、憎みは常に荒廢、弱化、破滅へ、換言すれば不完全性そのものへ向つてゐるからである。

第七章

喜びと悲しみについて

憎みと驚異とは知性を適當に用ひる人には決して起り得ないと斷言していいやうな種類のものであることを知つたから、我々は今や同じ方法で論を進めて他の諸感情について語るであらう。手はじめとしてまづ慾望（Begeerte）と喜び（Blijdschap）についてである（二）。この二つは愛が起ると同じ原因（三）から起るのだから、これについては振りかへつてその時述べたことを記憶に思ひ浮べねばならないと言ふよりほかない。今のところこれで充分であらう。

次に我々は悲しみ（Droefheid）に移る。これについて我々は、それが單に意見又は意見から生ずる臆見的觀念からのみ起ると言ひ得る。

思ふに悲しみは何らかの善の喪失から生ずる。ところが、先に示したやうに、我々の一切の行ひは進歩と改善とを目指さねばならぬ。しかし我々が悲しんでゐる限りは自分をさうした行ひに不適當にしてゐること確かである。だから我々は悲しみから解放されることが必要である。悲しみから解放されるには、若しそれが我々の力に叶ふなら、失はれたものを再び所有する手段を考へることに依つてこれをなし得る。しかしそれが叶はないなら、悲しみに必然的につきまとふすべての慘めさに陷らないためにはやはりどうしても悲しみを驅逐することが必要である〔ことを認識することに依つてこれをなし得る」。そしてこの二つの方法とも喜びを以つてなされねばならぬ。何故なら、一つの失はれた善を、一つの自ら求め・自らはぐくんだ悪に依つて恢復し・改善しようとするのは愚かなことだからである。

　最後に、自己の知性を正しく用ひる者は必然的に先づ神を認識せねばならぬ。ところで神は、我々の證明したやうに、最高の善であり、善なるものの綜合である。この歸結として、自己の知性を正しく用ひる者は如何なる悲しみにも陷り得ないといふことが不可疑的に出て來る。如何にしてか？　その者は、善の綜合であり、すべての喜びと滿足が充滿してゐるところの善の中に憩ふことになるからである(三)。

第八章

尊重と輕蔑について(一)

引き續き尊重と輕蔑について、矜恃と謙遜について、自惚と自卑について語らう。我々はこれらの中で何が善であり何が惡であるかを正確に區別するためにこれを順次に一つ一つ觀察してゆくことにする。

尊重(Agting)と輕蔑(Versmading)は我々が或る物を大或は小と認識することに關してのみ生ずる。この大或は小が我々のうちに在ると我々の外にあるとを問はぬ。

矜恃(Edelmoedigheid)(二)は我々の外に在るものには關しない。そしてそれは、感情を伴はずに且つ自己尊重に重點を置かずに自分の完全性をその眞價に從つて認識する人々にのみ歸せられる。

謙遜(Nedrigheid)は或る人が自己輕蔑に主點を置かずに自分の不完全性を認識する時に生ずる。謙遜も亦謙遜な人間の外にあるものには關しない。

自惚(Verwaantheid)(三)は或る人が自分の中にない完全性を自分に歸する時に生ずる。

自卑――〔非難すべき謙遜〕(strafbare Nedrigheid)は或る人が自分に屬しない不完全性を自分に歸する時に生ずる。私は自らさう思はないのに他人を欺くために自らを卑下する僞善者について語つてゐるのではなく、自分に歸してゐる不完全性を實際に自分が持つてゐると思つてゐる人々についてのみ語つてゐるのである。

以上の觀察からして、これらの感情の各の中にどんな善乃至惡が含まれてゐるか充分明白である。

先づ矜恃と謙遜に關して言へば、その卓越性はそれ自らで明らかである。(四) 我々の定義に依れば、さうしたものの所有者は自分の完全性乃至不完全性をその眞價に從つて認識するのであるから。そしてこれは、我々の完全性に到達するために理性が敎へる最も優れた手段である。蓋し我々の力と完全性を正確に認識すれば、それに依つて我々は、我々の善き目的に到達する爲に我々が何をなすべきかを明瞭に知り得るし、一方、我々の缺點と無力を認識すれば、何を避くべきかを知り得るからである。

自惚と自卑に關して言へば、それが一種の臆見から生ずることはこれ亦その定義から判明する。何故なら、我々の言つたところに依れば、自惚は自分に屬しない完全性を自分に歸する人に認められ、又自卑はその正反對であるからである。

今し方述べたことからして、矜恃と眞の謙遜が善であり健全であるやうに、自惚と自卑は反對に惡であり破滅的であることが明らかである。といふのは、前者〔矜恃と謙遜〕はその所有者を極めて善き狀態に立たせるだけでなく、その上、我々が最高の幸福へ登るための正しき階段となる。しかし後者〔自惚と自卑〕は、我々の完全性に到達するのを妨げるばかりでなく、我々を全くの破滅に導く。卽ち自卑は、我々が完全になるためになさねばならぬことをなすのを妨げる所以のものである。これは例へば懷疑論者の場合に見られる。懷疑論者は、人間が何らかの眞理を有し得ることを否定する故に、正にこの否定に依つて、眞理を奪ひ去られてゐるのである。一方自惚は、まつしぐらに我々の破滅に至らせるやうな事柄を企てさせる所以のものである。これは例へば、自分が神に特別に寵愛されてゐると妄想して來た人々或は妄想してゐる人々の場合に見られる。彼らは、そのため、火や水を冒し、かくて如何なる危險をも避けず、すべてを敢然となして、最も悲慘な死に方をしてゐるのである。

尊重と輕蔑に關しては、我々が先に愛について述べたことを思ひ出すべきであるといふことのほか別に言ふことがない。

第九章

希望、恐怖その他について(一)

今度は希望と恐怖について、安堵、絶望及び躊躇について、勇敢、大膽及び競爭心について、弱氣及び臆病について、〔又執着について〕語り出すであらう。これを我々は我々の習はしに從つて一つ一つ取り上げ、そしてそのいづれが我々に妨害的であり、そのいづれが我々に促進的であり得るかを示すであらう。

これらすべてのことは、將に起らんとする事物――それが善きものであるにせよ惡しきものであるにせよ――について我々の有し得る諸の概念によく注意しさへすれば極めて容易になし得るであらう。

(二)〔我々が事物について有する概念は 一、事物自身に關するか、それとも、二、その事物を認識する人間に關するかである。〕

事物自身に關して我々の有する概念は、事物が我々から偶然的として、換言すれば起ることも起らないことも出來るものとして見られるか、それとも必然的に起らねばならぬか、そのどちらかである。これが事物自身に關してである。

事物を認識する人間に關してはかうである。その人間は事物の起るのを促進するために或ることをなさねばならぬか、それともその事物を妨害するために或ることをなさねばならぬか、そのどちらかである。

これらの概念からして、上に擧げたすべての感情が生ずる。次のやうに――

將に起らうとする事物についてそれが善であり且つそれが多分起るだらうと考へる時、そこから精神は希望（Hoope）と名づける形態をとる。これは喜びの一種にほかならぬがしかしそれには若干の悲しみが交つてゐる。

一方我々がその多分來るであらうところの物を惡であると判斷する時、我々の精神の中には恐怖（Vreeze）と名づける形態が生じて來る。

然し事物が我々に善と認識されその上必然的に起るものとして見られる時に、それから精神には安堵（Verzekerdheid）と名づける平和がやつて來る。これも一種の喜びであるが、希望の場合に見るやうに悲しみが交らない。

だが若し我々がその事物を惡であり且つ必然的に起ると考へるなら、それから精神の中に絶望（Wanhoop）が生ずる。これは悲しみの一種にほかならぬ。

我々はこれまで本章の主題となつてゐる諸感情について語り、その定義を肯定的仕方で與へ、かくしてその各の何たるかを説明した。

しかし我々はこれを裏面からやつて、否定的仕方で定義することも出來る。卽ち次のやうに――

我々は惡が來ないやうに希望する。我々は善が來ないだらうと恐怖する。我々は惡が來ないだらうと安堵する。我々は善が來ないだらうと絶望する。

以上述べたのは事物自身に關する概念から生ずる限りに於ての感情についてである。

今我々は事物を認識する人間に關する概念から生ずる感情について語らねばならぬ。即ち――或る事柄を生起させるために或ることがなされねばならぬのにそれについて何ら決心がつかない場合、精神は躊躇（Wankelmoedigheid）と名づける形態を取る。しかしその事柄の成就に雄々しく決心してその事柄が可能になる時、それは勇敢（Moed）と名づけられる。そしてその事物が成就されるに困難な場合は、大膽（Kloekmoedigheid）又は果敢（Dapperheid）と名づけられる。

しかし他人が或ることを自分の先にやつてうまく成功した故にそれをなさうと決心する時、それは競爭心（Volgijver）と呼ばれる。

或る善事を促進し又或る惡事を防止するために何を決心せねばならぬかを知つてゐながらそれをしない時にそれは弱氣（Flaaumoedigheid）と呼ばれる。そしてそれが極めて強度の時には臆病（Vervaartheid）と呼ばれる。

最後に執着（Jalousie）(三) は既に手に入れてゐる或るものを自分ひとりで享受し保持し得るために抱く心配である。

さてこれらの感情がどこから生ずるかを知つたから、そのどれが善でありどれが惡であるかを示すことは我々にとつて極めて容易であらう。

希望、恐怖、安堵、絶望及び執着について言へば、それが惡しき意見から生ずることは確實である。我々が以前既に證明したやうに、萬物はその必然的原因を有し、それが生起する通りに必然的に生起せねばならぬからである。

倘安堵と絶望は諸原因の確固不拔な序列（といふのは、諸原因の序列の中では一切が確固不拔であるから）に於て生起するやうに見えるけれども、しかしそれは、事の眞相を正しく洞察すれば、全く趣を異にする。といふのは、安堵と絶望は豫め希望と恐怖（この二つに、安堵と絶望はその成立を負うてゐる）が存しなかつたなら決して生じないからである。例へば或る人が、將に生起しようとする事柄を善であると思ふ時、彼の精神は希望と名づける形態を帶びる。そしてこの豫想された善の到來が確かになると精神は安堵と名づける平和を得るのである。我々が今安堵について述べてゐることは絶望についても言はれなければならぬ。しかし、我々が先に愛について語つたところに從へば、これらの感情も決して完全な人間には起り得ない。何故なら、これらの感情は、或種の事物——變轉極まりなきものである故に我々の愛着してならないところの事物（愛の定義で注意したやうに）を前提としてゐるのである。倘又我々はさうした事物について（憎みの定義で示したやうに）嫌惡の情を持つべきでもないのである。ところが安堵や絶望の感情を抱く人は常にかうした愛着、かうした嫌惡に支配されてゐるのである。

躊躇、弱氣、臆病に關して言へば、その不完全性はそれらの感情自身の性質乃至本性から明かである。何故なら、それに依つて我々の利益になるところの一切は、それらの感情の本性から單に消極的にのみ結果するのだからである。例へば、或る人が善であると思ふが實は善でないところの或るものを希望しながらも躊躇又は弱氣のためその實現に要する勇敢さを缺くとすれば、彼は善であると思つたその惡から消極的に或は偶然に救はれるのみである。

故にこれらの感情も亦、眞の理性に依つて導かれる人間にあつては決して起り得ない。

最後に勇敢、大膽、競争心については、我々が既に愛と憎みについて述べたこと以外何ら言ふべきことがない。

第十章

心の苛責と後悔について

今度は簡單ながら心の苛責と後悔について語るであらう。

この二つは輕率からでなくては生じない。卽ち心の苛責（Knaging）[一]は我々が善か惡か疑ふやうな或る事をなすことからのみ由來し、又後悔（Berouw）は我々が惡である或ることをなしたことから生れる。そして多くの人間は知性を善用しながらも屢〻誤る（知性を常に善用するのに必要な準備を缺いてゐるために）ものであるから、かうした心の苛責と後悔は人を正道にもどし得るものと考へられ、そこから、世間一般で見做されてゐるやうに、それは善であると結論されるかもしれない。しかし事態を正しく洞察すれば、我々はそれらの感情が善でないだけでなく、却つて反對に有害であり、從つて惡であることを見出すであらう。それが善でないといふのは、我々は理性と眞理愛に依つての方が心の苛責と後悔とに依つてよりも常に一層よく正道に至り得ることが明らかだからである。それから有害で惡であるといふのは、それが一種の悲しみだからである。悲しみは、先に我々が證明したやうに、有害であり、從つて我々は悲しみを惡として我々から遠ざけねばならぬ。だから我々はこれらのもの〔心の苛責と後悔〕をもさうしたものとして避け逃れねばならぬのである。

第十一章

嘲弄と揶揄について

嘲弄（Bespotting）及び揶揄（Boerterije）(一) は誤れる臆見に基づく。そしてそれは嘲弄する者及び揶揄する者の不完全性を物語るものである。

それが誤まれる臆見に基づくといふのは、嘲弄する者は嘲弄される人間自身がその行動の第一原因であると考へ、その行動が（自然の中に於ける他の諸物と同様に）必然的に神に依存してゐるとは考へてゐないからである。

それが嘲弄する者の不完全性を物語るといふのはかうである。彼らの嘲弄するものは、嘲弄に値するか値しないかそのどちらかである。若し價しないなら、彼らは、嘲弄すべきでないものを嘲弄することに依つて一種の悪性を示す。だが嘲弄に値するなら、彼らは、その嘲弄するものの中に或る不完全性を認めてゐること明かであり、彼らはかうした不完全性を、嘲弄に依つてではなく、むしろ善き理性に依つて改善してやらねばならぬのである。

笑ひ（Lachgen）(二) は他人には關せず、ただ自らの中に何らかの善を認める人間にのみ關する。そしてこれは喜びの一種だから、これについては既に喜びについて述べたこと以外の何事も言ふことがない。私はこゝで、一種の觀念に依つて人間に引き起される笑ひについて語つてゐるのであつて、動物精氣[三]の運動に依つて引き起される笑ひについて語つてゐるのではない。後者の如き笑ひは、善惡に何ら關係ないのだから、我々はそれについてここでは述べようとは思はぬ。[四]

嫉妬（nijd）、憤怒（Gramschap）、憤慨（Euvelneeming）については我々が既に憎みについて述べたことを思ひ出すよりほかここでは言ふべきことがない。

第十二章

名譽、恥辱及び無恥について

今度は名譽、恥辱及び無恥についてやはり簡單に語るであらう。

名譽(Eere)(一)は、誰でも自分の行爲が他人から尊重され賞讃されることを認める時に、他人が眼中に置いてゐるであらう何らかの利益乃至利得とは關係なしに、内心に感ずるところの一種の喜びである。

恥辱(Beschaamtheid)は、自分の行爲が他人から輕蔑されることを認める時に、他人が眼中に置いてゐるであらう何らかの不利益乃至損害とは關係なしに、心中に生ずるところの一種の悲しみである。

無恥(Onbeschaamtheid)は、恥辱の缺乏又は廢棄にほかならない。しかもそれは理性に依つてさうなのでなく、小兒や野蠻人などの場合のやうに恥辱に關する無知に依るか、それとも多く(二)の輕蔑を受けたあげくもはや何物をも氣にかけず一切を無視するやうになつたことに依るのである。

これらの感情の何たるかを知つた以上、我々は同時にその中に含まれてゐる虚しさや不完全さを知り得る。即ち、名譽と恥辱は、その定義に於て見たやうに、何ら利益にかかはりないといふばかりで無く、その上又（それが自愛に基づく限り、そして人間が自己の行動の第一原因であり從つて稱讚及び非難に値するものであるといふ謬見に基づく限り）有害であり、排斥すべきものである（三）。

しかし私は、我々が人間の間に於て恰も名譽や恥辱の全然存在しない別世界に於て生活する如くに生活せねばならぬと言ふつもりではない。否反對に、人々を益し人々を改善するためになら この兩者を利用することは許されること、のみならず、我々自身の自由を（本來は完全に許容されたる我々自身の自由を）制限してまでもそれを利用して差支へないことを私は認める。例へば、或る人が他人から尊敬されるために高價な衣服を身につけるとすれば、彼は單に自分自身への愛のみから發する名譽を求めてゐるのであつて、何ら隣人（の利益）を考慮に入れてゐないのである。しかし、自分が粗末な衣服をつけてゐるばかりに、隣人を益し得る自分の知識が輕蔑され蹂躪されるのを見る時、隣人を助けようとする意圖から、隣人の氣を惡くしないやうな衣服をつけるのは、正しいやり方である。これは、隣人に自分の考へを容れさせるために先づ隣人に順應するものである（四）。

更に無恥に關して言へば、無恥はその定義だけでその醜さがわかるやうな性質のものである。だから我々にとつてはさきの定義だけで充分であらう。

第十三章

好意、感謝及び忘恩について。歎きについて。

更に進んで好意（Gunst）、感謝（Dankbaarheid）及び忘恩（Ondankbaarheid）について考察する。最初の二つに關して言へば、それは隣人に對して何らかの善を望み或は行はうとする精神の傾向である。「望む」と私が言ふのは、他人に何らかの善をなした人に善が仕返される場合である。「行ふ」と私が言ふのは、我々自身が何らかの善を獲得し或は受容した場合である。（一）

殆どすべての人がこれらの感情を善と考へてゐることを私はよく知つてゐる。しかしそれにもかゝはらず私は、それが完全な人間には決して生じ得ないことを敢て主張する。（二）何故なら、完全な人間は單に必然性に依つてのみその隣人を助けるやうに動かされ、他の何らの原因に依つても動かされることがない。故に彼は最も邪惡な人間をも助けなければならぬと感ずる。さうした人間の不幸と困苦が一層大であることを見るにつけて、益〻多くさうせねばならぬと彼は感ずるのである。

忘恩は、無恥が恥辱の輕蔑であるやうに感謝の輕蔑である。しかもそれは何ら理性的根據なしに、單に貪慾或は過度の自己愛の結果としてである。從つてそれは完全な人間には起り得ない。

歎き（Beklagh）は感情に關する議論に於て我々の語る最後のものであり、これを以つて我々は終るであらう。(三) 歎きは我々が喪失した、しかも囘復する見込みのない何らかの善を思ふことから發生する悲しみの一種である。(四) この感情の不完全性は甚だ自明的であり、我々は一考しただけで直ちにその惡であることを見極め得る。何故なら、我々が既に證明したやうに、我々から容易に或は何時か奪ひ去られ得るもの、我々がそれを欲する時に何時でも手に入れることの出來ないもの、さうしたものへ結合し膠着するのは惡だからである。その上、それは悲しみの一種だから、我々は、前に悲しみについて述べた時注意したやうに、それを避けなければならぬ。

第十四章

諸感情に於ける善と惡について〔の一般的觀察〕

このやうにして私は、善と惡の認識に我々を導くものが眞の信念即ち理性のみであるといふことを充分に指摘し證明したと信ずる。

そこで、若し認識がこれらすべての感情の第一にして主要な原因であることを我々が示すに至るなら、我々は、我々の知性及び理性を正しく用ひる限り、決してこれらの排斥すべき感情に陷り得ないことが明らかになるであらう。私は「我々の知性」と言ふ。何故なら私は、ひとり理性のみで我々をこれらすべての感情から解放出來るとは考へないからである。このことは後で適當な場所に於て證明するであらう。(二)

だが、諸感情に關し一つの優れた點としてここに注意すべきことがある。それは、我々の見るところでは、善であるところのすべての感情はそれなしには我々が存在することも生存してゆくことも出來ないやうな性質乃至本性のものであり、いはゞ本質的に我々に屬するものである、といふことである。例へば愛、慾望、並びに愛に固有な一切のものがそれである。

しかし惡であり我々の排斥すべきものであるところの諸感情は全くこれと趣きを異にする。我々はそれなしにも充分存在し得るばかりでなく、却つてそれから解放されて初めて我々は我々の本然の姿に返り得るのであるから。

これらすべてについてもつと明瞭な認識を與へるために、次のことを注意せねばならぬ。それは、すべての善及び惡の基礎は、愛が向けられる客體に依存するといふことである。といふのは、若し我々が、前に述べたやうに、愛する價値ある唯一の客體、即ち神を愛せずに、その固有の性質乃至本性上可滅的であるところの物を愛するなら、それから必然的に（その客體は實に多くの偶然に、否破滅にさへ從屬するから）憎み、悲しみ等が、その愛する客體の變化に應じて生じて來るのである。即ち、愛するものを奪はれる時に憎みが、それを失ふやうになれば悲しみが、それが自己愛に基づく時に名譽が、その隣人を神の故に愛するのでない時に好意と感謝が、生ずるのである(二)。

しかしこれと反對に、人間が、常時不變であり且つ不變に止るところの神を愛するに至れば、かうした感情の沼に陷ることは不可能である。故に我々は、神が我々の一切の善の第一にして唯一の原因であり我々のあらゆる惡の解放者であることを確實不動の法則として立てる次第である。

この際更に注意すべきは、ただかかる愛のみが限度を知らないといふことである。即ち、愛は、無限なる客體に向けられる限り、增大すればするほど益〻優秀なものになる。かうなればその愛は絶えず增大することが出來るのである(三)。さうしたことはこれ以外の他の物の場合は決して起り得ない。尙この注意は、恐らく後で、我々が精神の不滅を證明し且つ如何にして又如何なる仕方でその不滅が可能であるかを示すのに役立つであらう(四)。

第十五章

眞と僞について

さて今度は眞と僞について考察しよう。これに依つて我々は眞の信念の第四にして最後の結果を知ることになる。

これをなすため、我々は先づ眞理及び虚僞の定義を立てることにする。眞理とは或る事物についてなされたる・その事物自身と一致せる肯定乃至否定であり、虚僞とは或る事物についてなされたる・その事物自身と一致せざる肯定乃至否定である(一)。

だがさうだとすれば、僞なる觀念と眞なる觀念との間に何らの相違がないやうに見えるであらう。卽ち、この或はかの肯定乃至否定は單に思惟の樣態にほかならず、そして〔眞の觀念と僞の觀念は〕一が事物と一致し他が事物と一致しないといふだけの相違しかないのだから、それは實的には區別されず、ただ理性に依つてのみ區別されるやうに見えるであらう(二)。果して然らばひとは當然かうした疑問を出し得る、抑も或る者はその眞理を以つて如何なる利益を有し、他の者はその虚僞に依つて如何なる損害を蒙るのか？　又如何にして或る者は自己の概念乃至觀念が他の者より一層多く事物と一致することを知るだらうか？　最後に又或る者が誤り他の者が誤らないといふことはどこから來るのか？　と。

これに對して先づ次のことが答へとして役立つであらう。極めて明瞭な事物はそれ自身をも又虚僞をも明らかにするのであり、從つて如何にして我々がその事物の明瞭性を意識するかと問ふのは凡そ愚かなことである。何故なら、それが極めて明瞭な事物と言はれるからには、他にそれを一層明瞭になし得る如何なる明瞭性も存し得ないからである。この歸結として、眞理は同時にそれ自身と虚僞とを顯示する(三)ということになる。眞理は眞理に依つて卽ちそれ自身に依つて明瞭になり又虚僞も眞理自身に依つて明瞭になるが虚僞は決してそれ自身に依つて顯示され證明されることがないからである。故に眞理を有する者は自分が眞理を有することを疑ひ得ないが、これに反して、虚僞乃至誤謬の中に留る者は自分が眞理の上に立つてゐると謬想することがあり得る。これは、夢見つつある者は自分が醒めてゐると考へることはあり得るが、現に醒めてゐる者は自分が夢見つつあると考へることが出來ないのと同じである。

以上の注意に依つて又、我々が先に述べたこと(四)、神は眞理であり或は眞理は神そのものであるといふことが或る程度說明される。

さて何故或る者が自己の眞理について他の者より一層多く意識するかの理由は、前者に於ける肯定乃至否定の觀念が事物の本性と全く一致し、從つて又〔他の者に於けるより〕一層多くの本質性を有するといふ點にある。

これをよりよく理解するために次のことを注意しなければならぬ。認識は〔言葉はそのやうにはひびかないけれども〕單なる或は純粹なる受働である(五)。換言すれば、我々の精神が或る種の變化を受けてそれが以前には有しなかつた他の思惟樣態を得ることである。ところで若し人が或る客體全體から作用を受けることに依つて一定の思惟の形態乃至樣態を得るとすれば、その人は客體の形體乃至性質について、それ程多くの〔作用する〕原因を有しなかつた他の人間とは全く異つた感情を受けること明白である。それ程多くの原因を有しなかつた人は、別樣な・些少の作用に依つて肯定乃至否定をなすやうに動かされてゐるのであるから（卽ち彼は自らの中に於ける僅かな或はより少い影響に依つてのみその同じ客體を認めてゐるのであるから）。これからして、眞理の上に立たない人に比較して眞理の上に立つ人の完全性が見られる。卽ち、一は容易に變化し、他は容易に變化しないのだから、從つて一は他よりも一層多くの恒常性と本質性を有するといふことになるのである。同樣に、事物と一致する思惟の樣態〔自身〕も、〔それを生ずる〕一層多くの原因を有するが故に、自らの中に一層多くの恒常性と本質性を有する。そしてそれは事物と全く一致するのだから、それが或る時は事物から異つて刺戟を受けたり何らかの變化を蒙つたりするといふことは不可能である。我々が既に知つたやうに、事物の本質は不變的なのであるから。これらすべては虛僞にあつては決して起り得ない。

以上述べたことで、先の質問に充分答へたと信ずる。(六)

第十六章

意志〔と欲望〕について

さて我々は善及び悪、眞理及び虚僞の何たるかを、又完全なる人間の幸福が如何なる點に存するかを知つたから、今は我々自身への檢討に移り、我々がさうした幸福に到達するのは自由意志に依るのかそれとも必然性に依るのかを觀察する時であらう。

このためには、（一）意志を假定する人々にとつて意志とは何であるか、又それが如何なる點で欲望と區別されるかを一應探究することが必要である。

欲望とは、我々の定義したところに依れば、（二）精神がその善と解する或るものに對して有する傾向である。從つて、我々の欲望が我々の外部の或る物へ傾く前に、我々の中には既にその或る物が善であるといふ決定が出來上つてゐることになる。そしてこの肯定、或は一般的に言へば肯定し否定する力、これが意志と名づけられるのである。*

* 意志は、肯定乃至決定と解される限り、眞に善でないところのものへも及ぶといふ點で眞の信念と異る。意志がさうしたものであるわけは、それは或る物が「かくかくであつて」それ以外であり得ないことを確信を以つて明瞭に洞察し得ないためである。眞の信念の場合にはからした確信が有り又なければならぬ。眞の信念からはただ善き欲望しか生じないのであるから。

しかし意志は又、時に無過誤的で確實であり得るといふ點で臆見と異なる。推測や意見から成立する臆見の場合にはかうしたことが起り得ない。

從つてひとは、意志を、このやうに確實である限りに於て〔眞の〕信念と名づけ、又誤謬に從屬する限りに於て臆見と名づけることも出來るであらう。

そこで今や問題となるのは、この肯定がなされるのは我々の自由意志に依るのかそれとも必然性に依るのか、換言すれば、我々は或る物について何らかの外的原因に強ひられることなしに何事かを肯定乃至否定することが出來るかどうかといふことである。ところが我々は既に、(三)それ自身に依つて說明されない事物、或はその存在がその本質に屬しない事物は必然的に外的原因を有せねばならぬことを、又或るものを生ずることになつてゐる原因はそれを必然的に生ぜねばならぬことを證明した。だからこの歸結として、この或はかの個々の意志作用、或る物についてのこの或はかの個々の肯定乃至否定、さうしたものも亦——敢て言ふ——何らかの外的原因に依つて起らねばならぬことになる。*そしてこの原因も亦、我々が原因についての定義に於て注意したやうに、自由であり得ないのである。

* 個々の意志作用はその存在のために一定の外的原因を有せねばならぬことは確實である。何故なら、個々の意志作用の本質には存在が屬しないのを見れば、それは必然的に他の或る物の存在に依つて存在せねばならぬからである。

だがかう言ふ主張がある、——個々の意志作用の起成原因は觀念ではなくて(四)人間の意志そのものである、そして知性は意志が發動し得るためになければならぬ原因である、從つて限定されざる形に於ける意志はさうした知性と同樣理性の有ではなくて實的有である、と。しかし私に關して言へば、私は意志や知性を注意して觀察する時にそれは一般的概念であるとしか思へぬ。私はこれに實在性を歸することが出來ないのである。だがたとへそれがさうだとしても、ひとは意志作用が意志の樣態であり觀念は知性の樣態であることを認めなければならぬ。從つて必然的に、知性と意志とは實的に區別される異つた實體であることになる（何故なら、樣態化されるのは實體であつて樣態自身ではないのだから）。ところでひとが、精神はこの二つの實體を支配するとすれば、そこに第三の實體〔精神〕が存することになる。このやうに、これらすべてのものが混亂されてしまひ、これについて明瞭判然たる概念を有することが不可能になる。といふのは、觀念は知性の中にあるのであつて意志の中にあるのでないから、一の實體の樣態は他のそれへ移行することが出來ないといふ原則に從へば、いかなる愛も意志の中に生じ得ないことになる。意志能力の中にその觀念がないやうな物を意志し得るといふことは自己矛盾を含むからである。

ひとは言ふだらう、意志は知性との合一に依つて知性の認識するものを知覺し、從つてそれを愛しもする、と。然し知覺だつて觀念（混亂した觀念であるとはいへ）であるから知性の一樣態であり、前述の法則に從へば意志の中にあることは出來ない、たとへ〔意志と知性の間に〕精神と身體との間のやうな合一が存するとしても。といふのは、哲學者たちの一般に言ふ通りに身體と精神が合一してゐると假定しても、決して身體が感ずるわけでもなく又精神が延長するわけでもないから。（もしそんなことが出來るなら二つの實體から成ると空想される怪物《キマイラ》が渾然たる一の全體となり得ることになるがそんなことはあり得ない）。ひとが精神は知性並びに意志を支配すると主張するのも亦理解し難いことである。何故なら、さう主張することに依つて彼らは意志が自由であるといふことを否定するやうに見えるが、これは彼ら自身の主張に矛盾するではないか。

これで私はこの論を終へることにする。私は創造された有限的實體の説に對する私のすべての駁論をここに持ち出すつもりはないのだから。たゞ私は次のことを簡單に指摘したい。それは、意志の自由といふことは繼續的創造の説にも全然合致しないといふことである。繼續的創造の説とは、或る物の存在を維持するのにはそれを創造すると同じ働きを神に於て要する、さうでなければその物は一瞬たりとも存在し得ないといふ説である。（五）事實斯くの如しとすれば、物には自由などいふことは歸せられないのであつて、むしろひとは、神が物をその現にある通りに創造したと言はなければならない。蓋し、物はその存在する間自らを維持する力を有しないのだから、ましてや自分自身に依つて何物かを作り出すなどいふことは尚さら出來ないからである。そこでひとが、精神は意志作用を自分自身で作り出すと主張するなら、私は尋ねる、何の力に依つてか？　と。かつてあつた力に依つてではない、さうしたものはもはや存しないから。さればとて現に有する力に依つてでもない、物は絶えず新しく創造されてゐるのである以上ほんの一瞬間たりとも存在乃至持續する力を全然有しないからである。このやうに、自らを維持したり何物かを作り出したりする力を有するやうな物は何ら存しないのであるから、我々はかう結論するよりほかはない、神のみがひとり萬物の起成原因であり又あらねばならぬ、そして一切の意志作用は神に依つて規定されるのである、と。

かうした主張は、自然の中に實際に存する個々物よりも理性の有に對して自己の知性を向けるに慣れてゐる若干の人々を満足させないかも知れない。かうした人々はつまり、理性の有を理性の有とは見ずに實的有と見るやうになつてゐるのである。即ち、人間は時にこの意志をまた時にかの意志を持つから、彼はその精神内に意志と名づける一般的様態を形作る、恰もこの人及びかの人から人間といふ觀念を形作るやうに。そして彼は實的有を理性の有と充分區別しないが故に、理性の有を實際に自然に存在する物と見做すに至り、これに依つて彼は、自分自身を若干の事物の原因と見ることになるのである。かうしたことは、我々が今携はつてゐる主題の論議に際して屢〻起ることなのである。即ち、何故人間はこのこと或はかのことを意志するかと誰かに尋ねるなら、人間は意志を有するからといふのが通常の答である。しかし意志は、前に言つたやうに、この或はかの意志作用から抽出した〔一般的〕觀念にすぎず、従つて單に思惟の様態、理性の有、であつて實的有ではないのだから、かうした意志に依つては何ものも生ぜられ得ないのである。無からは無しか出て來ないのだから。

このやうに意志が自然に於ける事物ではなくて單に虛構の產物に過ぎないことを示したからには、意志が自由であるか自由でないかはもはや問ふ必要がないと私は考へるのである。

私はこのことを單に一般的意志（それは我々の示したやうに思惟の樣態である）についてばかりでなく、更に又この或はかの個々の意志作用（この意志作用を若干の人々は〔自由な〕肯定乃至否定と等視した）についても言つてゐるのである。

このことは、我々が旣に述べたところに注意しさへすれば何人にも明白になるであらう。何故なら、我々の述べたところに依れば、認識は純粹なる受働である、換言すれば、それは精神の中で物の本質及び存在が知覺されることである。從つて事物について或ることを肯定乃至否定するのは我々でなくて事物自身であり、この事物自身が我々の中で自身につき或ることを肯定乃至否定するのである。

恐らく若干の人々はこれを容認しないであらう。彼らには事物について意識すると異なることをその事物について肯定乃至否定し得るかに思へるからである。しかしこれといふのも、精神が事物について言葉なしに或は言葉を離れて有する概念に、彼等が何ら思ひを至さぬからに過ぎない。成程我々は（我々をさう促す理由があれば）、意識したと異なつたことを、その事物につき、言葉或は他の手段に依つて他人に傳へることが出來るのは事實である。しかし我々は、言葉に依つても他の何らかの手段に依つても、我々が或る事物について感ずると異なつたことをその事物について感ずるやうにすることは決して出來ないであらう。これは不可能である。そして、一たび言葉その他の符號の使用から離れて自己の知性にのみ注意する者には誰にも明白なことである。

しかし或る人々はこれに對して多分かう言ふだらう。我々が肯定乃至否定するのでなく事物が自身について我々の中で肯定乃至否定するのだとすれば、事物と一致することしか肯定乃至否定され得ないではないか、從つて又何ら虛僞なるものが存在し得ないではないか、と。何故なら、我々の先に述べたところに依れば、虛僞とは或る事物についてその事物と一致しないことを肯定乃至否定することに、卽ち事物が自分自身について肯定乃至否定しないことをその事物について肯定乃至否定することに存するのだからである。しかし我々が眞理及び虛僞について既に述べたことによく注意さへすれば、同時にこの駁論にも十分答辯されたことが分るだらうと私は考へる。何故なら、我々の主張に依れば、肯定されるもの乃至否定されるものの原因は、その肯定なり否定なりが眞である場合も僞である場合も常に客體である。卽ち、虛僞は、我々が客體の或る部分だけを知る時その客體が（我々はそれについて極めて僅かしか知つてないのに）それを自らについて全體として肯定乃至否定してゐると我々が想像することから生ずるのである。これは大低薄弱な精神に起ることであり、かゝる精神は客體からの些細な作用に依つて樣態乃至觀念を極めて安易に形成し、その肯定乃至否定で滿足してゐるのである。

　最後に我々に對して尙次のやうな反對論がなされ得るであらう。我々の意志し又は意志せざる多くの事柄があるではないか、例へば或る物について或ることを肯定したり肯定しなかつたり、眞理を話したり話さなかつたり、等々の如く――と。

　しかしこれは慾望と意志を充分區別しない結果である。蓋し、意志を認める人々に於て、意志は單に知性の活動、我々が或る物についてその物の善或は惡たることとは無關係に肯定乃至否定する所以の知性の活動である。これに反し慾望は、或る物の中に認められる善悪を考慮してその或る物を獲得し或は或ることを遂行しようとする精神の狀態である。從つて慾望は物に關して肯定乃至否定が爲された後に初めて現れる、即ち或る物が善であることを發見乃至肯定した後に初めて現はれる。つまりかうした肯定乃至否定が彼らの主張に依れば意志なのであり、慾望はその後でそれを促進するために生ずる心の傾向なのである。かくて、彼ら自身の言葉に從へば、意志は慾望なしにも存し得るが慾望は意志——常に必ず先行せねばならぬところの意志なしには存し得ないのである。

そこで、我々が上に問題とした諸々の心的活動（それは善と見えるが故に理性に依つてなされ或は惡と見えるが故に理性に依つて阻まれるものであるから）は、慾望と名づける心の傾向の下にのみ包括され得るのであつて、意志の名稱の下に包括されるのは全く不適當なのである。

第十七章

〔慾望は自由であるかどうかについて〕(一)

《(二)さて我々が肯定乃至否定に對して何らの〔自由〕意志を有しないことは明らかになつたから、今度は一つ意志と慾望の正當にして眞實な區別を見、そしてラテン語を用ひる人々の間で voluntas と呼ばれてゐるところの意志が本來何であるかを觀察しよう。

アリストテレスの定義に依れば、慾望は二つの種を含む一の類であるやうに見える。といふのは、彼は意志を、人が善と思へるものに對して感ずる慾求乃至傾向であると定義してをり、これから私にはかう考へられるのである、即ち彼は慾望(cupiditas)をばすべての心的傾向、それが善に向ふものたると惡に向ふものたるとを問はずすべての心的傾向と解してゐたのであり、そしてこの傾向が單に善なるものに向ふ時、或はさうした傾向を持つ人間がそれを善と思ふ故に求めてゐるのである時、彼はこれを voluntas 或は善き意志と呼び、この傾向が惡である時、即ち我々が他人の中に惡なるものへの傾向を見る時、彼はそれを voluptas 或は惡しき意志と名づけてゐるのである。從つて精神のこの傾向〔慾望〕は肯定乃至否定するためのものではなくて、善と思へるものを獲得し惡と思へるものを避けようとする傾向にほかならない》。

そこで今はこの慾望が自由であるかないかを探究することが殘る。

我々は既に、慾望が事物の認識に依存すること、又各の認識は何らかの外的原因を有せねばならぬこと、を述べた。更に又我々は意志について色々述べた。しかしこのほかに慾望が自由でないといふことを證明することが殘つてゐるのである。多くの人々は、人間が種々の物について有する認識は人間の慾求乃至傾向を一のものから他のものへ移行させる所以の媒介物であることをよく見てはゐる。しかしそれにもかかはらず慾求がかく一のものから他のものへ向ふとは一體何であるかを彼らは理解してゐない。

で、我々のこの傾向が我々の自由意志に基づくものでないことを示すために（そして一のものから他のものへ移行し・誘引されるとは何を意味するかを我々の眼前に活き活きと浮ばせるために）、我々は、初めて一定の物を認知する一人の小兒を想像しよう。例へば、私がこの小兒に對しその耳に愉快なひびきを立てる一つの小鈴を差出しこれに依つてそれを欲しがらせるやうにさせるとする。ところで小兒がこの慾求或は慾望を感ずることを中止《やめ》し得るかどうかを一つ考へて見よう。若し中止し得ると言ふ人があるなら、どうして、如何なる原因に依つて、と私は尋ねる。決してこの小兒がよりよきものを知るためではない、これが小兒の知つてゐるすべてなのだから。又それが小兒にとつて惡であるためでもない、小兒は他の何物をも知らず、そしてこの愉快なひびきは彼のこれまで遭遇した最善のものであるから。

しかしひよつとするとこの小兒はその感じてゐる慾求を捨て去る自由を持つかもしれない。さうだとすればそれからこれと類似の慾求が我々の中に我々の自由意志に基づかずにはじまり得ること、しかしそれにもかゝはらず我々はそれを捨て去る自由を我々の中に有するであらうといふことが歸結されるであらう。しかしこの自由は決して吟味に堪へない。何故なら、慾求を絶滅するに至らしめるものは一體何であらうか？　慾求自身か？　否、決して。といふのは、何物と言へども自分自身の本性に依つて自分自身の破滅を求めるやうなことはないのだから。然らば彼をその慾求から引き離し得るものは結局何であるか。實に、自然の秩序及び經過に於て彼が以前のものより彼に一層愉快な或るものから刺戟を受けるといふこと以外の何物でもあり得ない。それ故、我々が意志について考察した際人間の意志とはこの及びかの意志作用に外ならないと言つたやうに、丁度そのやうに、人間の慾望も亦この及びかの概念に依つて生ぜられたこの及びかの慾望にほかならぬ。つまり、慾望一般は自然の中に實際に存在する或るものではなくて、單にこの或はかの個々の慾望から導出された抽象概念にすぎない。さて慾望が實際に何ものをも生ずることが出來ない。從つて慾望は自由であると我々が主張するなら、それは恰も、この或はかの慾望はそれ自らで發生したと主張するに等しい。これは換言すればそれは存在するより以前既に自己を存在するやうにしたと主張するに等しい。これは不條理そのものであり、又不可能なことである。

第十八章（一）

前述の說の效用

このやうにして我々は、人間が全自然の一部分であつてそれに依存し、それに支配され、自分自身からは自分の安寧乃至幸福のために何事をもなし得ないことを見た。そこで今は、我々のかかる說からどんな效用を引き出し得るか一つ觀察しよう。殊にこの說は、或る人々にとつて少なからず衝擊的であるらしいことを我々が疑はないだけに、一層その必要がある。

第一にこの說から歸結されることは、我々が眞に神の下僕であること、否奴隷でさへあること、そして必然的にさうしたものであることが我々の最大の完全性であること、さうしたことである（二）。何故といふに、若し我々が我々自身に賴つてこのやうに神に依存しなければ、我々のなし得ることは極めて僅少であるか、或は絕無であらう。そしてそれは當然我々に、我々の運命を悲しませる原因ともなるであらう。殊に、我々が現に見てゐる次の事實と較べ合せる時尙更のことである。その事實といふのは、我々は最高完全なるものにしかと依存してゐて、諸共に全體の、即ち彼の、一部分をなしてをり、しかも彼に依存するに應じて、多くの巧に秩序づけられた完全な事業の成就に、いはゞ、我々の分を寄與するといふ事實である。

次にこの認識は、我々が何か勝れた仕事を遂行した時にそれについて我々を傲慢にならないやうにさせる。(この傲慢は我々に自分が旣に何か偉大なものであり恰ももはや何物をも要しないものであるかに思はせて我々の進歩を止める原因になる。これは我々の完全性に正しく反する。我々の完全性は、我々が常に益々向上しようと力めずにをられぬ點に存するのだから)。のみならずそれは、逆に、我々のなす一切を神に歸するやうにさせる。神こそは我々の遂行し完成する一切のことの第一にして唯一の原因だからである。

第三にこの認識は、我々の中に眞の隣人愛を植ゑつけるほかに、我々をして隣人たちを決して憎まず、又怒らず、喜んで隣人たちを助けてこれをよりよき狀態に至らしめるやうな心情にさせる。かうしたことはいづれも、大なる完全性乃至本質性を有する人間のやり方である。

第四にこの認識は、公共の安寧の促進に役立つ。何故なら、この認識に依つて、裁判官は決して或る一人の人間に對して他の人間に對して以上に味方することが出來ないであらう。そして或る一人を罰し他の一人を賞すべく餘儀なくされる場合に、彼はそのどちらをも援助し改善する意圖の下にこれをなすであらう。

第五にこの認識は、悲しみ、絕望、嫉妬、驚愕その他の惡しき感情から我々を解放してくれる。これらの感情は、後で示すだらうやうに(三)、眞實の地獄にほかならない。

第六に、最後に、この認識は、我々をして神を恐れることなからしめる(これは他の人々がその空想の產物である惡魔に對し自分に害惡を下さなければいいがと恐れるのと反對である)。何故なら、最高の善そのものであり、又何らかの本質を有する一切物をしてその在るところのものであらしめる所以の神を、我々が如何にして恐れ得やう?　しかも彼の中に生きてゐるその我々が！

更に又この認識は、我々をして一切を神に歸せしめ、神は最優秀者・最完全者であるが故に神のみを愛し、かくして我々自身を全く神に獻げるやうにさせる。何故なら、神への眞の奉仕と我々の永遠なる安寧乃至福祉はもともとここに存するからである。

思ふに一個の奴隷、一個の道具の唯一の完全性及び究極の目的は、彼らが自分に課せられた務めを適當に果すことにある。例へば、或る大工が何らかの仕事をなすに際し彼の斧が極めて役立つたのを見出すとしたら、この斧はそれに依つて自己の目的を果し、自己の完全性に達したのである。ところで若し大工が「この斧は今私に極く役立つてくれた、だから私はこれを休ませてもう働かせまい」と考へでもするなら、その時正にこの斧はその目的から離れてもはや斧でなくなるであらう。人間の場合もこれと同樣で、人間は自然の一部分である限り自然の諸法則に從はねばならぬ。これこそ神への奉仕である。そしてさうした行動をなす限り人間は幸福の中に在る。しかし人間がもはや神に奉仕しないことを神が欲する（假に言つてである）といふやうなことがあれば、それは人間からその幸福を奪ひ、人間を破滅させると異なるところがないであらう。人間の人間たる所以は、神に奉仕するといふことに存するのだから。

我々の福祉その他について

第十九章（一）

〔身體と精神の關係について〕

眞の信念の諸效用を見終つた今、我々は續いて先に與へた約束を果すことに力めよう。即ち、我々は我々が既に有する認識に依つて（即ち善惡が何であるか、眞僞が何であるか、又一般にこれらすべての效用が何であるかに關する認識に依つて）、敢て言ふ、我々はかうした認識に依つて、我々の幸福に、即ち神に對する愛（これは我々の注意したやうに我々の最高の福祉である）に到達することが出來るかどうか、又我々は惡と判斷した諸感情から如何なる仕方で解放され得るか、を探究することである。*

＊〔健全な理性に矛盾するすべての感情は、前に證明したやうに、臆見から發生する。又感情の中に於けるすべての善乃至惡は、眞の信念が我々に示してくれる。しかしこの兩者を合せても、又兩者のいづれかを以つてしても、我々を感情から解放することは出來ない。ただ第三の樣式即ち眞の認識のみが我々をそれから解放してくれる。この認識なしには我々が凡そ感情から解放され得ることは不可能である。これは後で（〔一九〇〕頁）示す通りである。他の人々が他の名前の下にあんなに

多く言を費したり物に書いたりしてゐるのはこの同じもののことでなからうか。何故なら、我々が當然臆見を罪と解し、眞の信念をば罪を知らせる律法と解し、眞の認識をば我々を罪から解放する恩寵と解し得ることは誰が認めないであらう。(二)〕

先づ最後のこと、即ち、感情からの解放について語るとして、私はかう主張する。これらの感情が我々の認めた以外の如何なる原因も有しないことが前提されるならば、我々は我々の知性を正しく用ひる限り〔これは我々が〔善と惡〕、眞と僞の規準を有する今では極めて容易に出來ることである〕決してさうした感情に陷ることがないであらう、と。*

*〔つまり、我々が善及び惡、眞及び僞について徹底的認識を持つ時に、の意である。何故なら、その場合我々が諸感情の發生の根源に隷屬するといふことは不可能だからである。最善のものを識り且つ享受した上は最惡のものは我々に對して何らの力を有しないのだから。〕

だが、感情が他の如何なる原因をも有しないことはこれから證明せねばならぬ。そしてそれには、我々は我々自身を全體として、即ち身體に關して並びに精神に關して、探究することが必要であると思はれる。

そこで最初に我々は、自然の中に或る物體〔身體〕が存在すること、そしてその物體の形態と作用に依つて我々は刺戟されかくて我々はその物體を認知することを示さねばならぬ。我々がこれを示す理由は、この物體の作用と、その作用が生ずる結果とを觀察すれば、我々はすべての感情の第一にして主要なる原因をも知り得るだらうし、又同時にそれらすべての感情を除去する手段をも知ることが出來るだらうからである。それから我々は又、さうしたことが理性に依つてなされ得るかどうかを見ることが出來るであらう。その後で我々は更に、神に對する我々の愛について語るであらう。

ところで、自然の中に或る物體（身體）が存在することを示すことは、神が存在し又神が何であるかを我々が既に知つてゐる今では我々にとつて困難なことではない。即ち、我々は神を定義して「各〻が無限で完全である無限數の屬性から成る一實有」であると言つた。そして延長は、我々の示したやうに、自己の類に於て無限な屬性であるから、それは必然的にまたその無限な實有の一屬性でなければならぬ。ところで我々は既に、この無限な實有が存在することをも證明してゐるのであるから、これからして同時に、この屬性も亦存在するといふことが歸結されるのである。

その上我々は、無限なる自然のほかには如何なる實有も存在せず或は存在し得ないことを示したから、我々が身體を認知する源たる身體のこの作用は延長そのもの以外の何物からも來得ず、決して（或る人々が主張するやうに）優越的に延長を有する他の或るものから來はしないこと極めて明白である。何故ならさうしたものは（我々が既に第一章(三)で證明したやうに）存在しないのであるから。

從つてここに注意すべきは、必然的に延長に依存することを我々が見てゐるところのすべての結果はこの屬性に歸せられねばならぬこと、即ち運動と靜止に歸せられねばならぬことである。

何故なら、これらの結果を生ずる力が延長の中に存在しないとしたら、これらの結果が生ずることは(たとへ自然が他の多くの屬性を持たうとも)不可能であるからである。蓋し或る事物が或る結果を生ずる場合、その事物の中にはそれが他の事物にましてその結果を生じ得る所以の或るものが存せねばならぬのであるから。

我々が今ここに延長について述べたことは思惟についても、又存在するすべてのものについてもあてはまるものと私は考へる。

更に注意すべきは、我々の中には我々に意識され得ないやうな何物もないといふことである。従つて、我々の中に思惟するものの結果と延長の結果と以外の何ものもないことを見出すとすれば、我々は我々の中にそれ以外のものが存しないことを確實に主張し得るのである。ところで、この兩屬性の結果を明瞭に理解するために、我々はその各〻を先づ個別的に取り上げ、それから兩者を併せて取り上げ、同時にその兩者の結果を觀察するであらう。

そこで、我々が延長のみを觀察する時、我々はその中に運動と靜止以外の何物をも認めない。この運動と靜止から延長のすべての結果が生ずることを我々は發見するのである。そして物體に於けるこの二様態*たるや、それ自身以外の如何なる物に依つても變化させられ得ないと言つた性質のものである。例へば、一つの石が靜止してゐる場合、それが思惟の力に依つて或は他の或る物に依つて運動させられることは不可能なのであり、ただそれは運動に依つてのみ、即ちその靜止より大なる運動を有する他の石がそれを運動させる時にのみ運動させられるのである。同様に又、運動しつつある石は、より少き運動を有する他の或る物に依つてでなくては靜止させられない。かくてこれから、思惟の如何なる樣態も物體に運動や靜止をもたらすことが出來ないといふ結論になる。

＊〈二つの樣態といふのは、靜止は決して無ではないからである〉。

しかし我々自身のうちに經驗するところに依ればかういふことも起り得る。それは、初め或る方向へ運動しつつあつた或る物體〔身體〕が後で他の方向へ運動するやうになるといふことである。例へば、私が私の腕を延ばし、それに依つて、既に異なつた方向へ運動しつつあつた動物精氣を今やこの方向へ運動するやうにさせる場合の如きである。尤もこれは何時も出來ることではなく、後で述べるやうに、動物精氣の狀態如何に依つてである。

今言つたことの原因は、この物體〔身體〕の觀念としての精神がこの物體〔身體〕と合一してゐて精神及びこの物體〔身體〕がかくて一緒に一つの全體を形成してゐるためであつて、それ以外ではあり得ない。

さて、もう一つの屬性〔思惟〕の主要な結果は、事物に關する概念である。そして、事物が概念される仕方に應じて、それから愛とか憎みとかその他のものが生じてくると言つた次第である。これらの結果は、何らの延長を含まないのであるから、延長に歸せられることが出來ず、ただ思惟にのみ歸せられ得る。從つて、この樣式に於て發生するすべての變化、さうしたすべての變化の原因は、決して延長の中に求めらるべきでなく、ただ思惟するものの中にのみ求めらるべきである。我々はこれを例へば愛の場合に於て見ることが出來る。愛が抑壓されるのも、喚起されるのも、それは概念自身に依つてのみ起らねばならぬ。即ちこのことは、我々が既に述べたやうに、客體の中に何らかの悪が潛んでゐるのを認識されるか、或はよりよき何ものかが認識されるに至るかで起るのである。

(四)ところでこれらの屬性が互に作用する時そこに受働が生ずる。これは例へば我々が我々の欲する方向へ運動を向ける能力を有することに依つて起る。さて一が他から受働するその過程は次の如きものである。即ち――

身體の中に於ける精神は、(五)既に述べたやうに、本來或る方向に運動すべき動物精氣を他の方向へ運動するやうにさせることが出來る。ところがこの精氣は又身體に依つても動かされ、從つて方向を決定され得るから、身體が精氣の運動を或る場所へ向けてゐるのに精神はこれを他の場所へ向けるといふことに依つて我々の中に一種の不安な氣分がもたらされることが屢〻起り得る。我々はその理由が分らずに時折さうした氣分を我々の中に感ずる。こんな場合でなければさうした氣分の理由は我々に普通よく知られるのであるが。

更に、精氣を運動させる精神の力は、精氣の運動が甚しく減少するか或は甚しく増大することに依つても阻害され得る。「減少する」といふのは、例へば、我々がひどく走る時精氣はその走ることに依つて身體に普通より甚だ多量の運動を與へ、從つてその運動量を喪失し、そのため必然的にそれだけ弱るといふやうな場合である。これはまた、極めて僅かしか榮養を攝取しないことに依つても起り得る。「増大する」といふのは、例へば、我々が過度の葡萄酒や他の强烈な飲料を飲んで陽氣になつたり酩酊したりして精神が身體を統御する力を無くなすやうにさせるやうな場合である。

これまでは精神が身體に對して及ぼす作用について述べた。今は身體が精神に對して及ぼす作用について觀察するであらう。この作用の最も主なるものは、身體がそれ自身を精神に認知させ、それに依つて又他の諸物體をも認知させることにあると我々は考へる。これは運動と靜止が共同して働くことに依つて生ぜられるのであつて、それ以外の如何なるものに依つても生ぜられない。何故なら、身體はこの兩者以外に、自らが作用させられる所以の如何なる物をも有しないからである。從つてこの認知の他に精神に起るすべてのことは身體に依つて生ぜられることが出來ない。

ところで精神が認識する最初のものは身體であるから、この結果として精神は身體を愛し身體と合一するといふことになる。しかし、我々が既に述べたやうに、愛、憎、並びに悲しみの原因は身體の中に求むべきでなく、ただ精神の中にのみ求めねばならぬのであるから（といふのは身體のすべての作用は運動と靜止から生ぜねばならぬから）、又すべて愛なるものは他のよりよきものを認識するや否や終熄することを我々は明瞭判然と見てゐるから、これらすべてからして、若し我々が一度神を認識するに至らば——少くとも我々の身體を認識すると同等に明瞭な認識を以つて神を認識するに至らば、我々は我々の身體とよりも一層緊密に神と合一せざるを得ず、そしていはば身體から解放されざるを得ない、といふことが明らかに歸結される。私は一層緊密にといふ。何故なら我々は、既に證明したやうに、神なしには存在することも理解されることも出來ないからであり、又我々は神を他のすべての事物の場合のやうに他の或る物に依つて認識し又は認識せねばならぬのでなく、ただ（これ亦既に證明したやうに）神自身に依つてのみ認識するのだからである。然り、我々は我々自身を認識するより一層よく神を認識する。我々は神なしには決して我々自身を認識し得ないのだからである。

我々がこれまで述べたことからして、感情の主要な原因は何であるかが容易に看取される。何故なら身體とその作用——運動並びに靜止——に關して言へば、それは自分自身を客體として精神に認識させる以外の仕方では精神を刺戟することは出來ない。そして、それが精神に對して現はれる有樣に應じて、即ちそれが善く見えるか惡く見えるかに應じて、*精神はそれから異つて刺戟される。しかもこの際身體は身體として作用するのでなく（何故ならさうだとすれば身體は感情の主要原因であることになるであらうから）、むしろ、他のすべての事物と同樣に、客體（思惟の對象）として作用するのである。即ち、他のすべての事物も、若し我々の精神に同じ仕方で現はれるとしたら、同じ作用を及ぼすであらう。（とは言へ私はこれで、非物體的な諸事物の觀想から生ずる愛、憎み及び悲しみが、物體的な諸事物の觀想から生ずるそれと同じ結果をもたらすと言ふつもりではない。何故なら、後で示すだらうやうに、前者の場合は、認識を通して精神に愛、憎み、悲しみ等を生ぜしめるであらうその非物體的な諸事物の本性に應じて、尚他の種々なる結果がもたらされるであらうからである）。（六）

＊ 然し我々が一を善と認め他を惡と認めるのは何に依るか？ 答。客體を我々に知覺させるのは客體自身であるから我々は一の客體から他の客體からとは異つた刺戟を受ける。この場合我々を最も均齊的（我々を構成する運動と靜止の割合に關し

て）に動かす客體は我々にとつて最も快適であり、それから次第に遠ざかるに從つて最も不快となる。そしてここから我々が自らのうちに知覺する各種類の感覺が發生する。しかもこれは大抵物體的客體が我々の身體に作用することに依つて生ずる。これを我々は衝動と名づける。例へば悲しんでゐる人が擽《くすぐ》りや飲酒等に依つて笑はされたり愉快にされたりし得る如きである。この衝動を勿論精神は知覺するが、精神がそれを生じたのではない。精神が作用する時の愉快は純粋で異つた種類のものである。その時は物體が身體に對して作用するのでなく、知性的な精神が身體を道具として使用するのだから。從つて精神がこの場合一層多く作用するに從つて感覺はそれだけ完全になる。

さて、再び前題に立ち歸つて、若し他の或る物が身體より立派なものとして精神に現はれるとなると身體は今及ぼしてゐるやうな作用をなす力を有しなくなるだらうこと確實である。この歸結として、身體が諸々の感情の主要原因でないといふばかりでなく、又たとへ我々がこれまで觀察して來たもの以外に感情を生み出し得ると思はれる他の或る物が我々の中に存するとしても、さうしたものはその場合、現に身體がなしつつある以上の、或はなしつつある以外の作用を精神に及ぼし得ないであらうといふことになる。何故なら、さうしたものは精神と全然異なる客體、從つて我々が身體について述べたと同じ仕方で精神に現はれそれ以外の現はれ方はしない客體、さうした客體以外の何ものでも有り得ないであらうからである。*

＊〈身體をひとり諸感情の主要原因と見る必要はない。各の他の實體も、それが出現する限り、さうした感情を生じ得るであらう。そしてその樣式も程度も同樣であらう。何故なら、その點、かゝる實體は徹頭徹尾〔精神と〕異なるこの實體〔身體〕の場合と本性上多く相異し得ないからである（客體のさうした相異からのみ變化は精神の中に生ずるのであるから）。〉

このやうにして我々は、眞實に次のやうな結論をなし得る。即ち愛、憎み、悲しみ及び他の諸感情は精神がその都度物について有する認識の形態に應じてそれぞれ異つて精神のうちに引き起される、從つて又精神は一度最高優秀なものを認識するに至らばこれらの感情のどれもが精神の中に些少の感動をも生じ得るといふことは不可能であるであらう、と。

第二十章

前述の説の確證

前章に述べたことに關して次のやうな論難が提起され得るであらう。

第一に、若し運動が感情の原因でないとしたら、人間が悲しみを若干の手段で追ひやること、例へば葡萄酒に依つて屢〻なされるやうなことが、如何にして可能であるか？

これに對して〔答ふべきは〕、精神が先づ身體を知覺する時のその知覺と、續いてそれが自分に善であるか惡であるかについて精神の下す判斷*と、この二つを區別しなくてはならぬといふことである。

＊〈つまり、一般的意味に於ける認識と、物の善惡に關連しての認識との區別である〉。

卽ち、精神が前に述べたやうなものであるとすれば、精神は、我々の旣に示したやうに、間接的に動物精氣を任意の方向へ運動させる力を有するが、しかしこの力は時に精神から奪ひ去られることがある。例へば一定の調和を保つてゐる動物精氣の形態が物體界一般から來る他の諸原因に依つて損ぜられたり變化させられたりする場合である。さうした變化を精神が知覺するとそこに悲しみが生ずる。そしてこれは精氣がその際蒙むる變化に應じて異なる。この悲しみは、精神が（一）身體に對して有する愛並びに合一から引き起されるのである。*

* 〔更に又〕人間の悲しみは、彼に何らかの惡が起つてゐるといふ考へから、換言すれば、何らかの善の喪失といふことから生ずる。さうした考へが浮ぶと、動物精氣が心臟の囘りに集まり、他の諸部分の助けと相待つて心臟を壓迫し包圍するといふ結果を來す（喜びの場合に於けると丁度正反對である）。この壓迫を精神は知覺して苦しみを感ずる。
ところで藥劑や葡萄酒の效果は何であるか。それは卽ち、藥劑や葡萄酒が自己の持つ作用に依つてこれらの動物精氣を心臟から驅逐し再び心臟にゆとりを與へるにある。精神はこれを知覺するや否や新たに活氣づく。この活氣は、葡萄酒が引き起した運動と靜止の割合の變化に依り、惡に關する考へがそらされて、知性のより多く滿足する別のものに考へが向ふことに存する。しかしこのことは葡萄酒の精神に對する直接的作用ではあり得ずして、單に葡萄酒の動物精氣に對する作用に過ぎない。

事態が正にかくの如くであることは（二）、この悲しみが次の二つの仕方のどれかに依つて緩和されるといふ事實から容易に看取される。卽ち一つは、動物精氣をその最初の形態に囘復させることに依つて、換言すれば、人間をその苦痛狀態から解放することに依つてであり、一つは、この身體について思ひ煩らふべきでないことを、正しき理由に依つて確信させられることに依つてである。第一の方法は一時的で〔悲しみは〕再びもどりがちであるが、第二の方法は永遠で安定的で不變的である。

第二の非難は次の如きものであらう。精神は身體と何ら共通性を有しないながらも尚且つ一の方向へ運動せんとする動物精氣を他の方向へ運動するやうにさせ得ることが分つてゐるからには、何故精神はまた全然靜止不動の身體が運動しはじめるやうになし得ないのか？ 同樣に又何故精神は既に運動してゐる他のすべての物體を自己の欲する方向へ運動させ得ないのか？　と。*

* (三)他の様態と無限に異なる一つの様態が如何にして他の様態に作用するかについては何ら困難な點はない。何故なら、精神は決して身體なしには存しなかつたし、身體も亦精神なしには存しなかつたといふ次第で、この兩者は全體の一部分なのだからである。我々はこの點を次のやうにして確立する。

一、一の完全な實有が存する、〔六二〕頁。(四)二、二つの實體は存し得ない、〔六二、六九〕頁。三、如何なる實體も初まりを有し得ない、〔七〇〕頁。四、各屬性は自己の類に於て無限である、〔六二〕頁。五、思惟なる屬性も亦存在せねばならぬ、〔一一〇〕頁。六、自然の中には思惟するものの中にそれの觀念の存しないやうな事物は存在しない、この觀念は事物の本質と存在の結合したものから發生する、〔一一〇〕頁。

七、更にこの點を追求すれば、

八、事物の本質は、その事物が存在しなくても事物の名稱の下に理解されるから、本質の觀念は或る個別的な物として見られることが出來ない。さう見られることは存在が本質と共に與へられた時に初めて可能である。それは以前に存在しなかつた或る客體が存在する故である。例へば、壁の全面が白い時には、その中にこれ或はあれといふ個別的なものはない。

九、この觀念は、他のすべての觀念を離れてそれ自身だけで見れば、さうした事物の單なる觀念以上のものであり得ず、さうした事物の〔完全な〕觀念を有するとは云へない。卽ち、さう見られた觀念は一個の部分に過ぎないから、自分自身並びにその客體について極めて明瞭判然たる概念を有することが出來ない。それを有し得るのは、單にそれのみが全自然であるところの思惟するもの (de denkende zaak) のみである。蓋し部分はその全體を離れて見られる場合正しく理解され得ない云々。

十、觀念と客體との間には必然的に合一が存せねばならぬ。その一は他なしには存在し得ないからである。卽ち〔自然の中には〕思惟するものの中にそれの觀念の存しないやうな如何なる事物もなく、又〔思惟するものの中には自然の中にそれに照應する〕事物の存しないやうな如何なる觀念もあり得ないからである。更に、客體が變化を受ければ觀念も必ず變化を受けるのであり、その逆も眞である。從つて、精神と身體の合一を生ずるのに何ら第三のものを必要としない。しかし注意せねばならぬのは、我々はここで事物の本質と結合した事物の存在から必然的に神の中に生ずる觀念について語つてゐるのであつて、現實に存在する諸事物が我々に示し或は我々のうちに生ずるところの觀念について語つてゐるのではないといふことである。前者と後者の間には大きな相違がある。何故なら、神のうちの觀念は我々のうちに於けるそれの樣に一乃至數個の感官を通して生ずる（この場合我々はそれから大抵常に不完全な刺戟しか受けない）のでなく、事物の存在と本質とから、卽ち事物の全存在から生ずるのである。從つて〔後者の場合は〕たとへ同一事物が我々のうちに作用しても、私の觀念は汝の觀念ではないのである。

然し、我々が先に思惟するものについて述べたことを思ひ出すなら、この論難は容易に除去されるであらう。卽ち我々はその時かう言つた。自然は種々の屬性を有するけれども單に唯一の實有であり、この唯一の實有にこれらすべての屬性が歸せられるのである、と。その上またかう言つた、思惟するものも、單に自然に於ける唯一の事物であり、そしてそれは自然の中に存在する無限數の事物に相應して無限數の觀念の中に表現されてゐる、と。といふのは、若し物體〔延長〕が或る一定の樣態、例へばペテロの身體として現はれ、更にまた他の樣態、例へばパウロの身體として現はれるとしたら、その結果として、思惟するものの中には二の異なれる觀念が存在することになる。卽ちペテロの精神を構成するペテロの身體の觀念と、パウロの精神を構成するパウロの〔身體の〕觀念が存在する(五)ことになる。ところで思惟するものはペテロの身體をペテロの身體の觀念に依つて運動させる(六)ことは出來るが、パウロの身體の觀念に依つて運動させることは出來ないのであり、從つてペテロの精神は、自己自身の身體を運動させることは出來るが、決して他の者例へばパウロの身體を運動させることは出來ない*。この理由から又精神は靜止不動の石を運動させることは出來ないのである。何故なら、石も亦思惟するものの中に於て一つの他の觀念を構成してゐるからである。そしてこの故に、全然靜止不動の身體が思惟の何らかの樣態に依つて運動させられることの不可能なのも上の理由から同樣に明らかである。

＊ 人間は初まりを有するから人間の中には自然の中に既に前から存したよりほかの屬性が見出されないことは明らかである。——ところで人間は身體——それの觀念が思惟するものの中に必然的に存せねばならぬところの身體から成り、そしてこの觀念は身體と必然的に合一してゐねばならぬのであるから、それ故我々は、人間の精神は思惟するものの中に於けるこの彼の身體の觀念にほかならないと確信を以つて主張する。さてこの身體は絕えず外的客體から變化を受ける一定割合の運動と靜止を有するから、そして客體の中に變化が起れば觀念の中にも實際に變化が起らずにゐないから、これからして、人間は感覺するといふことになる（反省的觀念）(七)。尙私が「身體は一定割合の運動と靜止を有するから」と言ふのは、この二者が協力することなしには如何なる作用も身體の中に起り得ないからである。

第三の非難は次の如きものであらう。我々はそれにもかゝはらず身體の中に或る種の靜止を生じ得ることを明瞭に見ることが出來るやうに思はれる。といふのは、我々が我々の動物精氣を長い間運動させた後で我々は疲れたことを感ずる。これは取りも直さず精氣の靜止が我々に依つてもたらされたことにほかならないではないか、と。

しかし我々は答へる。成程精神がこの靜止の原因であることは事實だが、しかしそれは單に間接的にである。といふのは、精神はこの靜止を運動の中に直接的に生ずるのではなくて、ただそれが運動させた他の諸物體(八)を通じてのみである。そしてこの諸物體は精氣に傳へただけの量の靜止を必然的に失はなければならなかつたのである。このやうにして、結局自然の中にはただ同一種の運動(九)しか存在しないことが明らかである。

第二十一章(一)

理性〔の力〕について

さてここに次のことを探究せねばならぬ。我々は或る物を善或は惡であると知りながらも時にその善をなす力を、或はその惡をやめる力を我々の中に見出さないことがあり、又時にその力を見出すこともある、これは何に依るのか、といふことである。このことは、我々に依つてすべての感情の原因とされたところの意見〔臆見〕、その意見が何から來るかについて我々の述べたことに注意するなら容易に理解され得る。即ち我々はその時、意見は傳聞に依つて或は經驗に依つて起ると言つた。そして我々が我々自身の中に見出すすべてのものは外部から我々に來るものより我々の上に大きな力を及ぼすから、この歸結として、理性は、我々が單に傳聞のみに依つて得た*意見を消滅する原因たり得る（我々にとつて理性は外部から來たものではないから）、だが、我々が經驗に依つて得た意見を消滅する原因には決してならない、といふことになる。何故なら、事物自身が我々に與へる力は、我々が他物の結果から得る力よりも常に大だからである。この區別は、我々が一一四頁以下で理性推理と明瞭な知性について語つた時既に注意したところである。我々はこれを、比例法則を例として述べたのであつた。即ち、比例自身の認識からは、比例法則の認識からよりも、一層多くの力が我々に生ずるからである。そして又我々が、一つの愛はより大なる他の愛に依つて滅ぼされると既にあゝ屢〻言つたのもこの故である。後者に依つて我々は、決して、理性推理から起る欲望を意味したのではないから。

* 我々がここで意見といふ言葉を使はうと感情といふ言葉を使はうと同じである。かくて何故我々は經驗を通して我々に生ずるものを理性に依つて征服し得ないかが明らかである。即ち、經驗を通して生ずるものは、我々にとつて、我々が善と判斷する或る物の享受乃至それとの直接的合一にほかならないのであるが、これに反し理性は、我々によりよきものを示すとは言へ、我々をしてそれを享受させはしない、そして我々が我々のうちに享受するところのものは、我々が享受しないもの、我々の外に在るもの（理性の指示するのはさうしたものである）に依つて征服され得ないからである。さうしたものが征服されるのにはより強力な或る物が存せねばならぬ。その初めのものより一層よく識られ・一層よく享受されるものとの享受乃至直接的合一はさうしたより強力なものであり得るであらう。そしてさうしたものが存在すれば、征服は常に必然的である。或は又〔征服は〕享受されたる善よりもつと大であると認(二)められる惡、しかもその善の後に直ちに續くところの惡、さうした惡を知ることに依つても行はれる。しかしさうした惡は常に必然的に續くとは限らぬことを經驗は我々に教へる。何故なら云々。以上については一二八頁以下、一七二頁以下を見よ。

第二十二章

眞の認識、更生その他について

このやうにして理性は我々を我々の幸福に導く力を有しないから、我々には最後の第四の認識樣式に依つてそこへ到達することが出來るかどうかを探究することが殘る。

我々の先に述べたところに從へば、この樣式の認識は、或る他の物から導き出されるのではなく、客體自身が知性に直接的に顯現することに依つて發生するものである。そしてその客體が立派で善であれば精神が必然的にこれと合一することは、我々の身體について述べたと同樣である。

これからして、愛を引き起すものは認識であるといふことが不可疑的に歸結される。

從つて、我々がこの樣式で神を認識するに至らば、我々は必然的に(といふのは神は最優秀者、最善者としてよりほか自己を顯現させることも我々に認識されることも出來ないから)神と合一せねばならぬ。そして、旣に言つたやうに、この點にのみ我々の福祉は存するのである。

しかし私は、神をそのあるがまゝに認識せねばならぬと言つてるのではない。神と合一するためには、神を或る程度に認識するだけで我々には充分なのである。といふのは、我々が身體について有する認識だつて、我々はそれをそのあるがまゝに卽ち完全に認識してゐるわけではない。それにもかゝはらず何といふ合一、何といふ愛であらう!

神の認識であるところのこの第四の認識が他の或る物からの結果に依るものでなく直接的なものであることは、我々が前に證明したこと、即ち、神はあらゆる認識の原因であつて、自己自身に依つて認識され、決して他の物に依つて認識されるのでない、といふことから明らかである。更にまた、我々は本性上神と合一してゐて、神なしには存在することも理解されることも出來ないといふ有樣である、といふことからも明らかである。このやうに、神と我々との間には極めて緊密な合一が存するのであるから、我々が神を直接的にしか認識し得ないといふことは明白な次第である。

次いで我々は、本性並びに愛に依つて有する神とのこの合一の如何なるものかを説明することに力めるであらう。

我々が先に述べたところに依れば、自然の中に存するすべての物については自然の精神（思惟するもの）の中に必ず或る觀念が存する。* そして、その物がより多く完全であるかより少く完全であるかにつれてその觀念が思惟するもの即ち神自身との間に有する合一並びにその結果もより多く完全であるかより少く完全であるかである。私がかく言ふのは、全自然はその本質が無限であるところの唯一つの實體である以上、あらゆる事物は本性上一つのもの即ち神にまで合一してゐるからである。*

* このことは又同時に、我々が第一部で述べたこと、即ち、我々が神の子と名づけた無限の知性があらゆる永遠からこの方自然の中に存在せねばならぬことを説明する。といふのは、神は永遠からこの方存在したのだから神の觀念も亦思惟するも

のの中に卽ち神自身の中に永遠からこの方存在せねばならぬからである。〔この觀念は想念的に神自身と一致する〔一〇六〕頁を見よ。

ところで、身體は我々の精神が知覺する最初のもの（といふのは、既に言つたやうに、自然の中に在るものについては必ずその觀念が思惟するものの中に存し、そしてこの觀念はその物の精神なのである）であるから（一）、その物〔身體〕は必然的に觀念の第一原因でなければならぬ。*

*〈卽ち、身體の觀念としての我々の精神はその最初の本質を身體から得る。何故なら、それは、全體的にも部分的にも、思惟するものの中に於ける身體の代表にすぎないからである（二）。〉

しかしこの觀念は決して身體の認識に安住することは出來ない。必ずやそれは、身體並びに觀念自身が存在するにも理解されるにも缺くことの出來ない或る物の認識にまで移行する。故にそれは、さうしたものを認識するや否や、直ちにそれと愛に依つて合一する。この合一の何たるべきかは身體との〔合一から生ずる〕結果と對比すれば一層よく理解され・把握される。卽ち、身體との合一の場合、我々は、物體的諸事物への認識と慾望とに依つて、我々のうちにあらゆる結果が——我々が動物精氣の運動を通して我々の身體の中に絶えず知覺しつつあるあらゆる結果が發生するのを見る。そこで若し我々の認識と愛が我々の存在するにも理解されるにも缺くべからざるもの、そして決して物體的でないところのもの、さうした或るものの上に一たび及ぶならば、この合一から發生する諸結果は前のと比較にならぬ程偉大で優秀であるであらう。又さうでなければならぬ。何故なら、これらの結果は我々が合一する物に必然的に相應せねばならぬからである。そして我々がこれらの結果を知覺する時我々は眞實に「更生した」（wedergeboren）といふことが出來る。

思ふに、我々の第一の誕生は、我々が身體と合一してそれに依つて動物精氣の活動と運動が成立した時であつた。しかし、我々のこの新しい、或は第二の、誕生は、我々がこの非物體的客體の認識に相應する全く異なれる愛の諸結果を我々のうちに知覺する時に起るであらう。この諸結果と最初のそれとは、恰も非物體的なものと物體的なものが異なり、靈と肉とが異なるだけ異つてゐる。そしてこの愛と合一とから初めて永遠不變なる恒常性が生ずる（間もなく示すだらうやうに）のであるから、それは益〻多くの權利と眞理とを以つて更生と呼ばれ得るのである。[三]

第二十三章

精神の不滅について(一)

精神とは何であるか、又精神の變化と持續はどこから發生するかを一應注意深く考察するなら、精神が可滅的であるか不滅的であるかは容易に判明するであらう。

我々は先にかう述べた。精神は思惟するものの中にある觀念であつて、自然の中にある事物の現實的存在から發生する、と。この歸結として、事物の持續と變化に應じて精神の持續と變化も生ぜねばならぬといふことになる。尙、その際我々の認めたところに依れば、精神は身體と――自らがその觀念であるところの身體と――合一することも出來るし、又神と――自らが存在するにも理解されるにも缺くべからざるものであるところの神と――合一することも出來る。

これからして、我々は容易に次のことを知り得る。一、若し精神が身體とのみ合一するとしたら、身體が滅びる場合は精神も亦滅びなければならぬ。何故なら、自己の愛の基礎たる身體を失ふ以上、精神も亦それと共に滅びざるを得ないのだから。しかし、二、若し精神が、不變であり且つ不變に止まるところの他の或る物と合一するとしたら、精神も亦前と反對に不變に止まらねばならぬ。といふのは、この場合精神が滅びることは何に依つて可能であらうか。自分自身に依つては可能でない。何となれば、それは未だ存在しなかつた時に自分自身に依つて存在しはじめることが出來なかつたやうに、丁度そのやうに、それは又存在してゐる現在〔自分自身で〕變化したり滅びたりすることは出來ないからである。

従つて、ひとり精神の存在の原因であるところのものがまた（若し精神が滅びるとしたら）精神の非存在の原因でなければならぬ。卽ちさうしたもの自身が變化し消滅することに依つてであ る〔がこれはあり得ないことである〕。

第二十四章

人間に對する神の愛について、〔又神の法則と神の自己顯現について〕

我々はこれまで、神に對する我々の愛が如何なるものであるか、又その結果即ち我々の永遠持續が如何なるものであるかを充分示したと信ずる。だから我々はここで他の事柄、例へば神の中にあることの喜び、心情の平安等について何かを語ることは不要と考へる。それがどんなものであるか又それについて何を言ふべきかは、これまで述べたことから容易に看取されるからである。

そこで尚我々に殘つてゐるのは、（これまで我々は神に對する我々の愛についてのみ語つたのだから）我々に對する神の愛なるものも存在するかどうか、換言すれば、神も亦人間を愛するかどうか、殊に人間が神を愛する場合に人間を愛するかどうか、を一わたり觀察することである。

ところで、我々は前にかう言つた、思惟の樣態は被造物の中にあるだけであつて神には如何なる思惟の樣態も歸せられ得ない（一）、と。従つて神が人間を愛するなどといふことは言はれ得ないわけである。まして、人間が神を愛するが故に神は人間を愛し、人間が神を憎むが故に神は人間を憎む、などとは尚更言はれ得ないわけである。何故といふに、この場合我々は、人間がさうした行爲を自由意志を以つてなすこと、又人間は第一原因に依存しないことを假定しなければならぬことになるが、これは我々が前に證明したやうに誤りだからである。その上このことは又必然的に神の中に大きな可變性を認めることにならざるを得ない。神は前には愛しも憎みもしなかつたのに今や愛し或は憎みはじめ、しかも神の外にある或る物に依つてさう强制されるといふのだから。しかしこれは不條理そのものである。

だが、神は人間を愛しないと我々が言ふからとて、それは恰も神が人間を徒らにその運命のままに捨て置く（いはば）といふやうに解してはならぬ。我々がさう言ふのは、人間は存在する一切物と共に神の中に在り、又神はこれら一切物から成立し、從つて本來的に言へば神には他の物に對する愛といふものはあり得ない、といふ意味に於てである。蓋し一切は唯一の物卽ち神そのものを形成してゐるのだから。

（二）これからして又、神は人間に對して、人間がそれを遵奉すれば報賞し〔背反すれば處罰する〕といつた法則を課しはしないといふことになる。もつと明瞭に言へば、神の法則は犯され得ない性質のものであるといふことになる。何故なら、神が自然の中に課した規定、一切の事物がそれに依つて發生しそれに依つて持續する所以の規定、さうした規定を我々が法則と名づけやうとするなら、その法則は決して犯され得ないものなのである。これは例へば、弱きものは强きものに屈せねばならぬとか、如何なる原因も自分の中に含んでゐるより以上のものを産出し得ないとか、その他さうした種類の法則——自らは決して變化することも初まりを有することもなく反對にすべてのものがそれに服從し從屬するさうした種類の法則のことである。

これについて簡單に言へばかうである。犯され得ない法則はすべて神の法則である。その理由は、生起する一切は神自身の決定に違背せず、必ずこれに從つてゐるからである。又犯され得る法則はすべて人間の法則である。その理由は、人間が自己の幸福のために決定する一切は、必ずしもそれが全自然の幸福になるとは限らず、却つて反對に多くの他の事物の破滅になり得るからである。〔そしてこの兩者が矛盾する場合〕自然の法則はより强大であるから、(三)人間の法則は無效にされるのである。

神の法則はそれ自身のために存在し他の何らの目的を有しない、そして何物にも從屬しない。人間の法則はこれと異なる。といふのは、人間は自分自身の幸福のために法則を作り、それに依つて自分自身の幸福を促進すること以外の何ら他の目的を有しないけれども、彼らのこの目的は又(それが他の者――人間の上に立ち人間を自然の部分として一定の仕方で働かせる他の者――の抱く他の目的に從屬させられる限り)、神が永遠からこの方課した永遠なる諸法則と相携へて、他のすべての物と共に、一切のことを成就するのを助けるのに役立ち得るのである。

例へば蜜蜂は、相互の間に保つてゐる巧みな秩序と勞働とを以つて、各〻のため一定の食糧をたくはへること以外の何ら他の目的を抱いてゐない。しかし彼らの上に立つ人間は、彼らを飼育する時に、全く異つた目的を、即ち自分のために蜜を得ようといふ目的を持つてゐる。同樣に人間も亦、一の個物である限り、その有限な本質が達し得る以上の目的を有しない。しかし人間が全自然の一部であり道具である限り、人間のこの目的は自然の究極目的ではあり得ない。自然は無限であつて人間をも他のすべてのものと共に自己の道具として使用せねばならぬからである。

これまで我々は、神に依つて課せられた法則について述べてきたのであるが、今又ここに注意すべきことがある。それは、人間は自分の中にやはり二様の法則を認めるといふことである。人間といつても、私の言ふのは、自己の知性を正しく用ひ・神の認識に到達してゐる人間のことである。

そしてこの法則の一つは人間が神と有する共通性に依つて生じ、他の一つは人間が自然の諸様態と有する共通性に依つて生ずる。このうち前者は必然的であり、後者はさうでない。何故なら、神との共通性から生ずる法則に關して言へば、人間は間斷なく常に必然的に神と合一せねばならぬから、彼はさうした法則を常に眼前に有し又常に眼前に有せねばならぬ、そしてその法則に從つて神のために又神と共に生きねばならぬのである。しかし〔自然の〕諸様態との共通性から生ずる法則に關して言へば、人間は自分自身を他の人間から引き離すことが出來るから、それらの法則は必然的なものでない。

ところで、我々が神と人間との間にかうした共通性を假定するからには、當然かうした問ひがなされるであらう。それなら如何にして神は自己を人間に知らしめ得るか、又さうしたことが起り或は起り得るのは話された言葉に依るのかそれともそれは何ら他の物を用ひず直接的になされるのか、と。(四)

我々は答へる。決して言葉には依らない。何故といふに、言葉に依るとすれば、人間は言葉が彼に話される前に既にその言葉の意味を知つてゐなければならないからである。例へば、神がイスラエル人たちに「我は汝らの神エホバなり」と言つたとすれば、彼らは、〔言葉に依つて〕それが神であることを信ぜさせられる前に、それが神であることを言葉を離れて既に知つてゐなければならなかつたのである。といふのは、雷鳴と雷光との中に聞える聲が、自分は神であると言つたとしても、彼らはその瞬間、聲そのものが神でないことをよく知つてゐたからである。そして、我々がここに言葉について語つてゐると同じことが、我々の見解に依れば、他のすべての外的符號についても當てはまる。

このやうにして我々は、神が何らかの外的符號の手段で自己を人間に知らせ得ることは不可能だと考へる。

それに又、かうしたことが單に神の本質及び人間の知性以外の他の物に依つて起るといふことは不必要でもあると我々は考へる。何故なら、我々のうちにあつて神を認識せねばならぬものは知性であり、そして、知性自身は、神と極めて直接的に合一してゐて、神なしには存在することも理解されることも出來ないと言つた次第だから、これからして、凡そ如何なる事物も、神そのものの程には、知性と緊密に結合させられ得ないといふことが不可疑的に出て來る。

尚又、神が他の何らかの物に依つて認識されることの不可能なのは、次のことからも分る。

一、この場合、さうした物は神自身より一層よく我々に識られねばならぬことになるが、これは我々がこれまで明瞭に示した一切とまともに矛盾する。即ち、神が我々の認識並びにすべての本質の原因であること、又すべての個物は神なしに存在し得ないばかりでなく理解されることも出來ないこと、さうしたこととまともに矛盾する。

二、又その本質が必然的に限定されてゐる他の物は、たとへ我々に一層よく識られてゐるとしても、我々はその物に依つて神の認識に到達することが出來ない。事實我々は、限定されたものから無限な限定されざるものを引き出すことがどうして可能であらう。といふのは、たとへその原因が我々に識られないやうな結果或は業を我々が自然の中に認めたとしても、それから推して、その結果を生み出すには自然の中に一つの無限で限定されない物が存せねばならぬと結論することは我々にとつて不可能である。蓋し、これを生み出すのに多くの原因が一緒に働いたのか、それともたゞ一つの物が存在したのか、どうして我々はそれを知り得よう？　又誰が我々にそれを語り得よう？

故に我々は最後にかう結論する、神は自己を人間に知らせるのに言葉も奇蹟も他の何らの被造物も使用することが出來ないし又使用する必要がない、たゞ自分自身だけで充分である、と。

第二十五章

悪魔について(二)

さて悪魔が存在するかどうかについて我々はここで簡單に二三言を費すであらう、次のやうに——

若し悪魔が全然神と相反する或る物、神から何ものをも享けない或る物であるとすれば、悪魔は我々が前に既に論じた無と正確に一致する。

このやうに我々が、若干の人々と共に、悪魔を、全く何らの善をも欲せず又なさず從つて全然神に反抗する或る思惟するものであると假定すれば、悪魔は確かに極めて惨めなものであり、若し祈りが役立つものなら、彼のため改宗を祈つてやらねばなるまい。

しかし又我々は、さうした惨めな物が一瞬間たりとも存在し得るかどうかを一應考察して見よう。さうすれば我々は、直ちにその不可能なことを見出すであらう。何故なら、凡そ物の持續はその物の完全性から發生する、(三)そして物がより多くの本質性と神性を自らの中に有するに從つてそれは一層多く恆常的になる。ところで悪魔は、些少の完全性すら自らの中に有しないのに、どうして存在し得ると考へられ得よう。これに加ふるに、思惟するものの各樣態の恆常性乃至持續性は、その樣態が愛に依つて神と合一するその合一のみから發生するのであるが、この合一の正反對が悪魔の場合假定されてゐるのだから、悪魔は存在し得ることが不可能である。

それにしても何故人々は悪魔を假定するのであらうか、悪魔を假定せねばならぬ必然性が全く存しないのに。といふのは、我々は他の人々のやうに憎み、嫉妬、怒り、その他同様の諸感情の原因を見出すために悪魔を假定することは必要でない、かゝる虚構をなさずとも我々はその原因を充分見出してゐるのだから。

第二十六章

眞の自由その他について

前章の主張を以つて我々は、單に惡魔が存在しないことを明らかにしようと欲しただけではなく、その上實に、我々の完全性に到達するのを妨げる諸原因（よりよく表現すれば、我々が罪と名づけるすべてのもの）は我々自身のうちにあることをも明らかにしようとしたのである。尙又、前の諸章に於て、我々は、理性に依つて、並びに第四の認識樣式に依つて、如何にして、如何なる仕方で、我々の福祉に到達せねばならぬか、又如何にして〔惡しき〕諸感情が絶滅されねばならぬかを示した。それは、一般に言はれてゐるやうに、我々が神の認識につまり神の愛に到達する前に豫めこれらの感情が驅逐されてゐなければならぬ、といつたやうなものではない。何故なら、それは、無知な人間は認識に至り得る前に豫め先づ彼の無知を捨て去らねばならぬと要求するのと同じだからである。事實はこれと逆で、ひとり認識のみがさうした感情の絶滅の原因たり得るのである。これは一般に我々が述べて來たことから明白である。

同樣に又前述のことどもから次のことが明らかに歸結される。即ち、德なしには、或は（よりよく表現すれば）知性の指導なしには、すべてが破滅に赴き、我々は、何らの平和も享受し得ずに、いはば、我々本來の天地の外に生活するやうな結果になる（一）。従つて、たとへまた、知性にとつて、認識と神への愛の力から、我々が前に示したやうな永遠の平和は生ぜずに、ただ一時的な平和しか生じないとしても、さうした平和さへが、一度それを享受した上は、世の何ものにも換へがたく思はれるやうな種類のものであるから、これを求めることは我々の義務なのである。[二]

事實かくの如くであるとすれば、我々は通常偉大な神學者と評價されてゐる多くの人々が言つてゐることを當然大なる不條理と認めてよい。卽ち彼らは言ふ、「若し神への愛に續いて永遠の生命が來るのでないとしたら、我々は自分自身の最善を求めるであらう」と。恰も彼らが神よりも一層よき何ものかを發見することが出來でもするかのやうに！　これは丁度、水を離れて全然生命のない魚が「若しこの水中生活の後に永遠の生命が來ないのなら私は水から出て陸へ上らう」といふのに等しく愚かなことである。[三]

しかし又、神を識らない者が我々にこれ以外の何を言ひ得やう。

このやうにして我々は、我々の幸福と平和に關する我々の主張が眞理であることを證明するためには、我々自身の利益を求める（これは萬物に於て最も自然的なことである）といふ原理以外の他の何らの原理をも必要としないといふことがわかる。[四] 今我々は、感能慾、快樂、世間的事物を追求する時そこに我々の幸福が得られず、却つて反對に我々の破滅を來すことを經驗してゐるのだから、我々はこの故に我々の知性の指導を選ぶ次第なのである。

だが、知性の指導は、我々が先づ神への認識と愛に達するのでなくては先へ進展することが出來ないのであるから、そこでこれ（神）を求めることが極めて必要だつたのである。そして我々は（先行する諸々の考察と熟慮の後で）神があらゆる善なるものの中の最高の善であることを發見したから、我々は必然的にここに歩みを止めて憇はざるを得ないのである。といふのは、我々の見た通り、神の外には我々に幸福を與へ得る如何なる物も存せず、そして神の愛の甘美な鎖に繋がれ且つその狀態に止ることが眞の自由だからである。(五)

最後に、我々の見るところでは、推理作用に依る認識は我々のうちに於て最上のものでなく、單に望みの場所に昇るための一つの階段のやうなものにすぎない。或は、何らの虚僞と欺瞞となしに我々に最高善のおとづれをもたらし、かくしてそれを追求し・それと合一するやうに我々を鼓舞する善き靈のやうなものに過ぎない。(六)そして、この合一こそ、我々の最高の幸福であり、福祉なのである。

(七)さて、この著作を終結させるために殘つてゐるのは、人間の自由が何であるか、又それが何に存するかを簡單に示すことである。この目的のため私は、次の諸命題を確實なもの、證明されたものとして使用するであらう。

一、凡そ物は、本質を多く有すれば有するだけそれだけ能働性を増し、それだけ受働性を減ずる。蓋し能働的な物は、その有するものに依つて活動し、受働的な物は、その有せざるものに依つて受働することが確實だからである。(八)

二、すべて受働は、それが非存在から存在へ移るものであつても、又存在から非存在へ移るものであつても、外的動因から生ぜられねばならず、内的動因からは生じない。何故なら如何なる物も、それ自體で見れば、それが存在する場合自己を破滅させ得るやうな原因を自らの中に含ま

ず、又それが存在しない場合自己を生じさせ得るやうな原因を自らの中に含まないからである。(九)

三、すべて、外的原因に依つて產出されない物は、さうした原因と何らの共通性を有し得ず、從つて又さうした原因に依つて變化させられることも變形させられることも出來ないであらう。(一〇)

この終りの二命題から、私は次の第四命題を引き出す。

四、內在的原因或は內的原因（この二つは私に於ては一つである）のすべての結果は、その原因が存する限り消滅することも變化することも出來ない。(一一)何故といふに、さうした結果は、外的原因から產出されないと同樣に、〔外的原因に依つて〕變化させられることが出來ない（第三命題に依り）。そして、如何なる物も、外的原因に依つてでなくては滅びることが出來ないのだから、その原因が持續する限り、この結果は、消滅することが出來ないであらう（第二命題に依り）。

五、最も自由な原因、そして神に最もふさはしい原因は、內在的原因である。かうした原因に於ける結果は、その原因に固く依存してそれなしには存在することも理解されることも出來ないし、又他の何らの原因にも隷屬しないからである。その上、かかる結果は、その原因と緊密に合一して、共々に一の全體を構成してゐるのである。(一二)

ところで我々は、今揭げた諸命題から何を歸結すべきかを考察しよう。卽ち先づ——

一、神の本質は無限であるから、その中には無限なる能働性と、受働の無限なる否定とが含まれる（第一命題に依り）。從つて事物は、その本質に依つて神と合一すればするほど、それだけ能働性を增し、受働性を減ずる。そしてそれだけ變化と破滅から解放される。(一三)

二、眞の知性は決して消滅することが出來ない。といふのは、それは自己自身の中には自己を消滅させる何らの原因をも含み得ないし（第二命題に依り）、又それは外的原因に依つてでなく神に依つて生ぜられたのである以上、外的原因に依つて何らの變化を受けることが出來ないからである（第三命題に依り）。しかも神はそれを直接的に生じたのであり、又神のみが內的原因なのであるから、この歸結として、必然的にそれは、この原因が存する限りは消滅し得ないことになる（第四命題に依り）。ところがこの原因が永遠なのであるから、從つてそれ〔眞の知性〕も亦永遠である（一四）。

三、〔眞の〕知性の結果でさうした知性と合一してゐるすべてのものは最も優秀なものであり、他のすべてのものにまして尊重されねばならぬ。何故なら、さうした結果は內的結果であるから最も優秀であり（第五命題に依り）、そしてその上その原因が永遠であるのでそれ自身も亦必然的に永遠だからである。

四、我々が我々自身の外部に生ずるすべての結果は、我々と合一して我々と共に同一本性を構成する可能性が多ければ多いだけ完全である。といふのは、この仕方でそれは內的結果と最も近接するからである。例へば、私が私の隣人に快樂、名譽、貪慾を愛することを敎へるとしたら、私自身それを愛すると愛しないとを問はず、どの道私自身非難に價する。これは明白である。しかし私の達しようと努める唯一の目的が、神との合一を味ひ私のうちに眞の諸觀念を生み出し且つこれらの事柄を私の隣人にも知らせようとするにあるならば、事情は異なる。蓋し我々はすべて齊しくこの幸福にあづかり得るからである。かうしたことは私のうちにあると同じ慾望が私の隣人のうちにも生ずる場合に起る。これに依つて彼の意志と私の意志は同一になり、我々は同一

本性を構成し、常にすべてのことに於て合致するやうになるのである。（一五）

今述べたすべてのことから、人間の自由の何たるかが極めて容易に理解される。* これを私は次のやうに定義する。それは我々の知性が神との直接的合一に依つて獲得する確固たる恒常性であつて、自らのうちに諸觀念を、自らの外に自己の本性と全く一致する諸結果を生み出し得る狀態である。勿論この諸結果は、何らかの外的原因に隷屬してそれに依つて變化させられたり變形させられたりし得るやうなもの、ではあり得ない。かくて又同時に前述のことから、我々の力の中に在つて何ら外的原因に隷屬しない事物はどんなものであるかが明らかになる。尙又これに依つて我々は、我々の知性の永遠恒常なる持續を以前とは異なる仕方で證明した。そして最後に、如何なる結果を我々は他のすべての物以上に尊重すべきかを示した。

* 〈或る物の隷屬狀態とは外的原因に從屬することに存し、これと反對に、自由とはさうした原因に從屬せず、それから解放されることに存する。〉

（一六）ところで、一切を終へるために尙私に殘るのは、私がこれを書き與へる友人たちに次のことを言ふことだけである、——ここに述べてある諸〻の新奇な説に驚いてはくれるな。蓋し或る事柄が多くの人々に依つて受け入れられないからとて、その故に眞理であることを止めはしないのは、諸君の充分よく御承知のところだからである。しかも、我々の生存してゐるこの時代の性格の如何なるものかは諸君も知らなくはないのだから、私は諸君が、これらのことを他人に傳へるについては、充分用心せられんことを切にお願ひする。私は何も、諸君がそれを全然諸君の胸一つにしまつて置くやうにと言ふつもりなのではない。たゞ、いやしくもそれを誰かに傳へにかかるとしたら、單に諸君の隣人の幸福より以外の目標を持たないやうに、そして同時に、諸君の骨折りが報いられずにゐないだらうことがはつきり見込まれてゐる場合に限るやうに、といふつもりなのである。最後に、この書を通讀するに當り、私が主張してゐることについて何らかの難點に逢着したなら、どうかすぐ性急にそれを反駁することなく、先づ充分な時間と反省とを以つて熟慮されんことを望む。さうしてくれれば、諸君が諸君の期待するこの樹の果實の享受に到達するだらうことを、私は確信する。

（終）

〔第一〕附録(一)

公理

一、實體は本性上そのあらゆる樣態(二)に先立つ。

二、異なれる事物は、實的に區別されるか、樣態的に區別されるかである(三)。

三、實的に區別される事物は、異なれる屬性を有するか(思惟と延長のやうに)、それとも異なれる屬性に歸せられるか(知性と運動のやうに。この一は思惟に屬し、他の一は延長に屬する)、そのどちらかである。

四、異なれる屬性を有する事物は相互に何物をも共有しない。異なれる屬性に屬する事物も亦同樣である。

五、他の物の有する何ものをも自らの中に有しない物は、さうした他の物の存在の原因たり得ない。

六、自己自身の原因であるところの物が自己自身を限定したといふことはあり得ない。

七、事物が區別される所以(四)のものは、その本性上、さうした事物に於ける最初のもの(先のもの)である。

定理一

存在する如何なる實體に對しても、他の實體に歸せられると同一の屬性を歸することは出來ない。或は(同じことだが)、自然の中には實的に區別されないやうな二つの實體は存在し得ない。

證明

二つの實體が存在するなら、それは異つたものである。從つてそれは實的に區別されるか、樣態的に區別されるかである(公理二)。しかし樣態的にではない。何故なら、その場合、樣態はその本性上實體に先立つことになり(公理七)、これは公理一に反するから。故に實的に區別される。從つて、その一について言はれることは他について言はれることが出來ない(公理四)。そしてこれが我々の證明しようとしたところのことである。

定理二

一の實體は他の實體の存在の原因たり得ない。

證明

さうした原因とさうした結果との間の相違は實的だから一は他の有する何物をも自らの中に有し得ない(定理一)。從つて、一は他を產出することが出來ない(公理五)。

定理三

あらゆる屬性或は實體は、本性上、自己の類に於て無限且つ最高完全である。

證明

如何なる實體も他の實體に依つて生ぜられはしない（定理二）。從つて、それが存在する以上、それは神の一屬性であるか、それとも神の外に於て自己自身の原因であつたかである。第一の場合とすれば、それは必然的に自己の類に於て無限且つ最高完全である。神のすべての他の屬性がさうであるやうに。若し第二の場合としても、それはやはり必然的にさうした性質である。何故なら、さうしたものが自分自身を限定したといふことはあり得ないのだから（公理六）。

定理四

各の實體の本質には本性上存在が絕對的に屬してをり、自然の中に存在しないやうな實體の本質の觀念を想定することは、無限の知性の中に於ても不可能である。

證明

或る客體の眞の本質はその客體の觀念と實的に區別される或る物である。そしてその或る物は、實的に存在するか、それとも實的に存在する他の物の中に含まれてゐるか、そのどちらかである

(公理二)[五]。後者の場合、さうした他の物とこの本質とは實的には區別され得ず、單に樣態的にのみ區別され得るであらう。我々の見てゐるすべての事物の本質はかくの如きものである。それらは、以前に現實に存在してゐなかつた時には、延長、運動及び靜止の中に含まれてゐたが、現實に存在するに至つても、延長とは實的に區別されず、單に樣態的にのみ區別されるものである。

ところで、實體の本質がこの仕方で或る他の物の中に含まれると考へるのは自己矛盾を含む。何故なら、その場合、實體はさうした或る物と實的に區別されなくなり、定理一に反する。又その場合、實體は自分が含まれてゐる主體から產出され得ることになり、定理二に反する。最後に又實體は本性上自己の類に於て無限且つ最高完全であり得なくなり、定理三に反する。

このやうに、實體の本質は他の何らかの物の中に含まれてゐないのだから、實體は自分自身に依つて存在する或る物でなければならぬ。

系[六]

自然は自分自身に依つて認識され、他の何らかの物に依つて認識されない。自然は各が自己の類に於て無限且つ完全なる無限數の屬性から成り、それらの屬性の本質には存在が屬し[七]、從つてそれらのほかには如何なる本質も如何なる存在もない。このやうにして自然は、優秀にして讃美すべき唯一者たる神の本質と正確に一致する。

〔第二附錄〕

人間の精神について(一)

人間は創造された有限物云々であるから、人間が思惟について有するもの、我々が精神と名づけるものは、必然的に、我々が思惟と名づける屬性の一様態である。しかもそれ〔精神〕の本質にはこの様態以外の何ものも屬せず、從つて、この様態が無に歸すれば、上記屬性が不變のまゝなのに精神も亦滅びる。同様に、人間が延長について有するもの、我々が身體と呼ぶところのものは、我々が延長と名づける他の屬性の一様態にほかならない。そしてやはり、この様態が滅びれば延長の屬性は不變のまゝであるのに人間の身體はもはや存在しない。

さて我々が精神と呼ぶこの様態が如何なるものであるか、又如何にしてその起源を身體から得るか、更にまた如何にしてその變化が單に身體に依存するか（これを私は精神と身體の合一と名づける）、かうしたことを理解するためには次のことに注意しなければならぬ。

一、我々が思惟と名づける屬性の最も直接的な様態(二)はあらゆる物の形相的〔現實的〕本質を想念的に〔觀念として〕表現してゐる。(三)若し形相的に存在する何らかの物の本質が思惟の屬性の中に想念的に表現されてゐないとしたら、この屬性は全然その類に於て無限でも最高完全でもなくなり、それでは定理三で證明されたことと矛盾するであらう。

ところで自然即ち神は無限數の屬性が歸せられ、且つすべての被造物の本質を自らの中に把握するところの實有であるから、これから必然的に、これらすべてのものについて思惟の中に或る無限なる觀念が生ぜられ、この無限なる觀念は、現實的に在るがまゝの自然全體を想念的に把握してゐるといふことになる。故にこそ私もこの觀念を第一部第九章で「神から直接的に作られた被造物」と名づけた。何故といふに、その中にはすべての物の形相的本質が想念的に過不及なく表現されてゐるからである。そしてこの觀念は必然的にただ一つである。これは、諸屬性のすべての本質並びにこれらの屬性の中に含まれてゐる諸樣態の本質が合してただ一つの無限なる實有の本質を構成してゐることを考へれば分る。

二、更に次のことに注意しなければならぬ。爾餘のすべての〔思惟の〕樣態、例へば愛、慾望、喜び等はその起源をこの最初の直接的な樣態から得る。從つて若しこの樣態が先行しない場合は、愛や慾望や〔喜び〕等は存在し得ないであらう。(四) これから明らかに歸結されるのは、各物の中に在つて自己の身體の維持に力めるところの自然的愛も、さうした身體について思惟の屬性の中に存するところの觀念、即ち想念的本質、以外の如何なる起源をも有し得ないといふことである。一方、觀念（即ち想念的本質）の成立のためには思惟の屬性と客體（即ち形相的本質）以外の何物をも要求されないのであるから、我々が先に述べたやうに、觀念即ち想念的本質は〔思惟の〕屬性の最も直接的な樣態*であることが確かである。從つて、各物の精神の本質に屬すべきものとしては、現實に存在する各物について思惟の屬性の中に必然的に存せねばならぬところの觀念以外の如何なる樣態も考へられ得ない。何故なら愛、慾望、〔喜び〕等の如き爾餘の諸樣態はさうした觀念の隨伴物に過ぎないからである。ところで觀念は何らかの客體の現實的存在から生ずるのだから、客體が變化し或は消滅するにつれてその觀念も變化し或は消滅せねばならぬ。だからこそそれは客體と合一してゐると言へるのである。

＊ 屬性の最も直接的な樣態と私が名づけるのは、その現實的存在のために同じ屬性に於ける他の何らの樣態を必要としない樣態のことである。

最後に、若し我々が更に一歩進んで、精神をして現實に存在せしめ得る所以のものを精神の本質に歸しようと欲すれば、我々は〔思惟の〕屬性並びに我々が今述べたやうな客體以外の何物をも見出さないであらう。しかし、この兩者のいづれもが精神の本質に屬し得ない。といふのは、客體は思惟と何ら共通點を有しないし、又精神と實的に區別されるからである。一方、屬性はと言へば、それも我々の既に示したやうに（五）精神の本質に屬し得ない。このことは我々がその後で（六）述べたことから更に一層明瞭に分る。何故なら、屬性は屬性として樣態と合一してゐない。樣態が變化し或は消滅しても屬性は變化も消滅もしないのだから。

故に精神の本質はただ次の點にのみ、即ち、自然の中に現實に存在する或る客體の本質から思惟の屬性の中に發生する觀念（即ち想念的本質）の存在といふ點にのみ在る。私は「現實に存在する或る客體の」云々とのみ言つてそれ以上の特殊な條件を附けない。これに依つて、この中に延長の樣態だけでなく〔爾餘の〕すべての無限なる屬性の樣態をも含めんがためである。これらのものも亦延長の場合に於けると同樣に精神を有するのだから（七）。

この定義をもう少しはつきり理解するためには、私が諸屬性について語つた際に述べたことに注意すべきである。即ち私は次のことを述べてゐる。屬性は存在の點からは區別されないこと*(何故なら屬性は自分自身の主體であるから)(八)、更に又各〻の樣態の本質は前記諸屬性の中に含まれてゐること、最後にすべての屬性は一の無限な實有の屬性であること、さうしたことを述べてゐる。

* 何故なら、物はその本性に於ける最初のものに依つて區別される。然るにこの場合は本質が存在より先のものである。(九) 故に〔屬性は存在の點からは區別されない〕。

しかし更に次のことに注意しなくてはならぬ。これらの樣態は、それがまだ現實に存しない場合でも、やはり同樣にその屬性の中に含まれてゐる。そして屬性の中には何ら不等性がなく、又諸樣態の本質にもまだ何ら不等性がないのであるから、自然の中に個別性が存しない限り、觀念の中にも何らの個別性が生じない。しかしこれらの樣態の或るものが個別的存在形式を取りこれに依り或る仕方でその屬性から區別される(この場合はその個別的存在——これらの樣態が屬性の中に有するその個別的存在がこれらの樣態の本質の主體なのだから)となると、諸樣態の本質の中に個別性が現はれ、從つて、さうした物について必然的に觀念の中に生ずるところの想念的本質の中にも個別性が現はれるのである。こんな理由から、我々はさきの定義に於て、「精神は自然の中に存在する客體から發生する觀念である」といふ言葉を使つたのであつた。

これで以つて我々は、精神が一般的に言つてどんなものであるかを充分說明したと信ずる。この際私は前記表現の下に、物體的樣態から發生する觀念だけではなく、爾餘の諸屬性の各樣態の存在から發生する觀念をも含めて解してゐるのである。

しかし我々は爾餘の諸屬性については延長について有するやうな認識を有しないのだから、我々は、延長の樣態に注目することに依つて、我々の精神の本質を表現するのにより適當したもつと正確な定義を發見し得るかどうか一つ觀察してみたい。これが我々の本來の目的なのであるから。

我々はこの際次のことを既證事實として前提するであらう。それは、延長のうちには運動と靜止以外の他の樣態が存しないこと、各個の物體的事物は運動と靜止の一定割合以外の何物でもないこと、かくて若し延長のうちにただ運動だけ或はただ靜止だけしか存しないとしたら全延長のうちには如何なる個物も見られず又存在し得ないであらうこと、從つて人間の身體も運動と靜止の一定割合にほかならぬこと、かうしたことどもである。それから(運動と靜止の)この現實的割合について思惟の屬性の中に存するところの想念的本質(觀念)、これが身體の精神であると我々は言ふ。ところでこの二つの樣態(運動と靜止)の一つが變化してより多くなり或はより少くなれば、觀念(卽ち精神)もそれにつれて變化する。例へば、靜止が增加して運動が減少すれば、それに依つて我々が寒と名づける苦痛或は悲しみが生ずる。又反對に、この增加が運動に關して起れば、我々が熱と名づける苦痛が生ずる。又我々の身體のすべての部分に於ける運動及び靜止の度合が均等でなくて或る部分は他の部分よりも多くの運動及び靜止を有するといふことになれば、ここから感覺の相違が生ずる(我々が杖で目を打たれると手を打たれるとで感覺する苦痛の種類に相違があるのはこれから來る)。又かうした變化をもたらす外的原因が相互に異つてゐて皆同樣な結果は生じないとすれば、これから同一部分に於ける感覺の相違が生れる(同じ手を木で打つと鐵で打つとで生ずる感覺の相違はこれから來る)。更にまた或る部分に起る變化がその部分をその最初の〔運動及び靜止の〕割合にもどらせるやうなものであれば、それから、我々が平和、安樂及び愉快と名づける喜びが生ずる。

　最後に、我々は今や感覺の何たるかを說明したから、我々はこれから如何にして反省的觀念（een weerkeerige Idea）即ち自分自身の認識〔自意識〕、經驗及び推理作用が生ずるかを容易に知り得る。(一〇) そして又これらすべてから（並びに我々の精神は神と合一してをり神から直接的に發生する無限な觀念の一部であるといふことから）明瞭な認識の起源及び精神の不滅性を明かに知り得る。しかし現在のところこれまで述べたことで充分であらう。

譯者註

以下の譯者註の中で「稿本」とのみあるのは短論文に關して現在の我々が依據し得る唯一の資料たる所謂寫本Aのことであり、「モニコフ本」とあるのは寫本Aをモニコフが自己の判斷をも交へて書き寫した所謂寫本Bのことである（イエレスの許にあつたと見られる稿本は特にイエレス稿本と斷わることにする）。又「從來のテキスト」とあるのはゲプハルト版以前に出版された諸テキストのことであり、特に「ゲプハルト版」とあるのはゲプハルトがその後で編纂した新テキスト（この邦譯の底本となつたもの）のことであり、單に「テキスト」とのみあるのはゲプハルト版をも含めたこれまでのすべてのテキストのことである。尙稿本（寫本A）、モニコフ本（寫本B）、イエレス稿本等の性格について、更に諸テキストの特徴について、又同じく譯者註の中に屢〻出てくるマイエル、ゲプハルト、アッピューン、ウォルフ、フロイデンタール、ボルコフスキー等々著書、譯書については解説の一文を參照されたい。

梗概

（一）この梗概は一八五一年エドワード・ベーメルに依つて發見された所謂「ベーメルの梗概」（ゲプハルト版に再錄）の邦譯である。この梗概がモニコフ本の筆寫者モニコフの作であつたかそれとも他の或者——例へばデュウルホフ——の作であつたかについては卷頭の解說を參照されたい。

（二）兎に角この梗概はスピノザの決定論を「誤まれる原則」（die valsche grond）と見做す人間に依つて作られたものであることだけは確實である。これについても解說參照。

（三）外的名稱なる語については本書一部二章（七五頁七行）參照。

（四）二部十四章は主として諸感情に於ける善惡についての一般論であり、「歎き」についてはその初めに一寸觸れてゐるに過ぎない。だからこの「歎き」に關する部分は前章（十三章）の終りに繰り上げて十四章には別な題目を附するのが自然である。ゲプハルト版は目次に於ても本文に於てもそのやうに改めてゐる。

序　文

（一）この扉の中にある短い序文は「短論文」の編輯者と想定されるイエレスの書いたものであると認められてゐる（解說參照）。この序文に用ひられてゐる文句の激越さから見てこの序文ははつきりした特定の反對者たちを念頭に置いて書かれたものと判斷される。この反對者が誰であつたかは、今日明らかになつてゐない。マイエルはこれを恐らく「眞理と德の諸原理」（Beginselen van Waarheid en Deugd.）に關して一書を著したデュウルホフの弟子たちであつたらうと言つてゐるが、年代的に見て果してどうであらうか。

第一部　第一章

（一）「第一の點即ち……」といふ句で著作が書きはじめられるわけはない。これは巻頭の數句が紛失したものと見ねばならぬ。研究家たちは皆このことを認めてゐる。就中フロイデンタールは「ベーメルの梗概」の最初の句から類推してこの紛失個所を次の如く補充する。「人間は、各がその類に於て無限に完全な無限數の屬性から成る實有としての神の觀念を自らの中に有する。さうした實有が存在することを我々は先づ示し、次いでそれがどんなものであるかについての我々の意見を述べよう。第一の點について言へば……」と。これに對してドゥニン・ボルコフスキーはこの紛失個所が實はまだ保存されてをりそれは本書一部七章の中に誤つて移されてゐるといふ新しい見解を發表してゐる（これについてはChronicon Spinozanum Ⅲ. 117—120参照)。然し以上二つの提唱はまだ一家言の域を出ず、研究者たちの一致した支持を受けてゐない。

（二）アプリオリ（a priori）は字義通りには「前方から」の意。アプリオリの證明とはアポステリオリの證明と對立するもので、當時の用語例に依れば、或る物の原因から結果へと進む論證を言ふ。スピノザはここで神の本質からその存在を證明する論證をアプリオリの證明としてゐるが、これはスピノザに於ては神は自己原因なのであるから、即ち神の本質＝その原因なのであるから當然である。スピノザ自身「形而上學的思想」二部の前書きの中で「神の存在をアプリオリに、即ち神の定義乃至本質から、證明する」と言ひ又同書二部一章の始めでも「アプリオリに、即ち神の存在の原因としての神の本質から、證明する」と言つてゐる。尙神のこのアプリオリの證明はアンセルムス以來スコラ哲學に知られた所謂神の實體論的證明であり、デカルトもこれを採用してゐる。

（三） この註はテキストではアポステリオリの證明の部に附せられてゐるが、この註にある證明は神の定義即ち神の本質からの證明であるから當時の用語例から言へば當然アプリオリの證明であり、私はこれをアプリオリの部の註として、テキストに於ける位置とは異れる位置に置いた。

（四） この註の後半は文章が不完全に傳つたものとされ研究者の間で色々に解釋されてゐる。私はゲプハルト版の訂正に基づき一應意味が通るやうな風に意譯しておいた。

（五） 以下の註はテキストでは前註（五六頁九行―同頁一六行）とは別個の獨立したものとしてアポステリオリの證明の中頃の個所に關係させられてゐる。しかしこの註は稿本では前註のすぐ後に續けて書かれてあり、又この註の「……と主張するのも亦誤りである」（五六頁一七行）は前註の「……と主張するのは誤りである」（五六頁一三行）と呼應し、更にこの註の「……完全な實有に於ける無限數の屬性の觀念は決して虛構でない」（五八頁二行）は前註の「神は無限數の屬性を有する」（五六頁九行）に呼應するから以下の註は前註の繼續と見られ（マイエル、ボルコフスキー同說）、又さうした方が前後の連絡がはつきりする。尤も以下の註にはアポステリオリの證明に關係することも多く出てくるけれどもそれは後で附せられた註なのだから別に不思議はなく、このことは何もこの註がアプリオリの證明に附せられた前註と一體をなす註であるといふことを否認すべき理由にはならぬであらう。

(六) 以下の註はテキストでは六行前の「他の觀念」(五七頁三行)の註になつてゐる。即ち註の又註になつてゐて前の註より更に一段小さな活字で刷られてゐる。

(七) アポステリオリ (a posteriori) は字義通りには「後方から」の意。アポステリオリの證明とは先のアプリオリの證明と對立するもので、或る物の結果から原因へ遡る論證である。これを神の存在の證明について言へば、我々のうちにある神の觀念からその原因たる神の存在を證明するやり方である(「形而上學的思想」二部一章參照)。このアポステリオリの證明はデカルトが好んで用ひたもので、アプリオリの證明が實體論的證明と呼ばれるに對しこれは人性論的證明又は心理學的證明と呼ばれる。

以下にあるアポステリオリの證明は隨分分りにくく書かれてゐる。もともと本書の編輯に不備な點があつたためであらう。私は文の順序を多少變へて意味が透りやすいやうにした。これをゲプハルト版について言へば、一六頁三行—五行を一五頁一九行—一六頁一行の言ひ換へと見て「換言すれば」を以つてつなぎ、この後へ一六頁一六行—一九行を續け、次に六行—一五行を續かせ、更に二〇行—二六行は省略して直ちに二七行に續けて讀むのである。これと大體同じ變更をW・マイエルはその現代オランダ語譯で試みてゐる。

(八) 形相的、想念的。——物が現實として自然の中に存する場合に形相的(formelijk=formaliter）に存在すると言ひ、物が思惟内容（觀念）として我々の精神の中に存する時想念的（voorwerpelijk=objective）に存在すると言ふ。中世以來デカルト、スピノザ等に於ける特殊の用法であつて本書の第二附錄や「知性改善論」にはことに頻出してゐる語である。この語の詳しき說明及び譯語については岩波文庫「エチカ」一部への譯者註二十七參照。

（九）形相的、優越的。——優越的（uijtsteekentlijk=eminenter）と對立して用ひられる形相的は、前の形相的と意味が異なる。今の場合は主として原因結果の關係について言はれる。卽ち原因が結果より多くの實在性乃至完全性を有する時優越的原因と呼ばれ、結果と同等の實在性乃至完全性を有する時形相的原因と言はれる。やはり當時の特殊用語である。スピノザの「デカルトの哲學原理」一部公理八參照。

（一〇）スピノザは初めからアプリオリの證明に重きを置き、アポステリオリの證明は後年殆どこれを捨ててゐる。デカルトがむしろアポステリオリの證明をより多く好んだに對しスピノザがアプリオリの證明により多く傾いたことは、スピノザがデカルトに比し神に對する純粹な概念的認識をより多く重んじた一つの現はれとされてゐる。

第二章

（一）先づ神が存在することについて語り次いで神が何であるかを語るといふ順序は當時のやり方に合致しないのでこれはスピノザ自身の配列したままの順序ではあるまいといふ說が

ある（マイエル）。然し一方、かうした順序は、スコラ哲學に於ても――例へばスピノザが本書で折々引用するトマス・アクイナスやスピノザの哲學的用語にかなりの影響を與へた十七世紀のオランダのスコラ哲學者へーレボールドに於ても用ひられてゐることが考證されてゐる。

（二）　これはスコラ哲學に在り來りの神の定義を基礎としたものである。スピノザは彼の好んで用ふるやり方に從つて一應この定義の上に立ち、これから次第に自己獨自の內在的な神の觀念を展開させてゐる。

（三）　スピノザはここで實體の何たるかを定義づけてゐないが、彼はここでも先づデカルト流の實體觀――神の外に有限な諸實體があると見る實體複數觀に豫め立脚し、次第にこれを自己獨自の見解に切りかへ、實體はたゞ一つであり、デカルトの所謂諸實體はこの唯一實體の屬性であると爲すに至つてゐる。

（四）　この第四命題と前記第一命題の後半は文句の類似から同一思想の繰り返しと考へる人もある（フロイデンタール）。しかし第一命題の後半は、すべての實體は神の知性の中に於てもそれが自然の中に實在するよりも一層完全であり得ないことを說いたもので、實體の完全性、無限性をテーマとし（本書第一附錄定理三、「エチカ」一部定理八に當るもの）、第四命題は、神の知性の中にある程のすべての實體が自然の中に實在することを說いたもので、實體の存在性をテーマとしたもの（本書第二附錄　定理四、「エチカ」一部定理七に當るもの）である。

（五） テキストには「屬性」とある。二行前の一文（六四頁一六行）と關係づければ「屬性」でも意味はつくが然しここは「實體」とあつた方が一層明瞭であらう。

（六） 前の諸命題から直ちに神と自然の同一性を結論するのは論理の運びに飛躍があり過ぎるのでこの結論はもともと別な個所にあつたのをここに誤つて置かれたと言ふ説（フロイデンタール、ウォルフ）もあるが私はさう思はない。何故なら本書第二附錄に於ても實質的にこれと全く同一な四定理（この四定理の一、二、三、四はそれぞれここにある命題二、三、一、四に當る）のすぐ後の系で直ちにここと同じく神と自然の同一性が歸結されてゐるからである。

（七） 以下の長い註はテキストでは本文との關係が必ずしも明瞭ではないやうになつてゐるが、これは前述四命題を別な言葉で言ひ變へたものに外ならない。私はこの註を四命題の證明の末尾に置き變へ、且つ〔一〕〔二〕〔三〕〔四〕、の番號を附してそれぞれ右四命題に呼應させ、その關係を明らかにした。

（八） ここの實體はこれへ附せられてゐる著者註からも明らかなやうに特にデカルト的實體、換言すればスピノザの屬性を指す。そしてここ及びこれへの著者註に於て屬性の自立性が明瞭に否定されてゐる。

（九） 以下に出て來る延長の不可分性に關するスピノザの思想は更に「エチカ」一部定理十五への長い備考やヨハネス・フッデへの手紙（書簡三五）の中で展開される。

（一〇） 理性の有（wezens van reeden=entia rationis）とは思惟の樣態に過ぎぬ物、思惟する精神の外に實在しない物を言ふ。スコラ學派の用語であつてスピノザも本書や「知性改善論」や「エチカ」で好んでこの語を用ひてゐる。この語の詳しい説明及びそれと實的有や虚構的有との關係については「形而上學的思想」一部一章參照。

(一一) 內在的原因については本書一部三章への譯者註二の(二)參照。

(一二) スピノザは神の屬性と特性(特質)を峻別する。屬性とは神をして神たらしめる所以の根本的性質であり、特性とはそれなしに神は神たり得ないがそれに依つて神が神となるのではない性質、神に歸せられ得る一定の樣態にすぎぬ性質、さうした性質のことである。しかしスピノザは時々――殊に本書に於ては極めて屢〻――屬性なる語を特性と同意語にも用ひてゐる。ここもその一例。

第一對話

(一) 知性(verstand)はスピノザにあつては原則としては直觀的認識を意味する。そして推論はその機能とするところでない。だからそれは理性にゆづらうといふのである。

(二) テキストにはこの次に「しかも次の屬性の下に、即ちそれが一つで永遠で自分自身に依つて存在し無限であるといふ屬性の下にさうせねばならないだらうが」と入つてゐるが、これはない方が前後の意味がとりやすい。何かの手違ひで入つたのであらう。マイエルもアッピューンもウォルフもこれを除いてゐる。

(三) ここの慾望は本書の他の個所や「エチカ」に出てゐる慾望(begeerte=cupiditas)即ち

廣義の慾望と異なり、begeerlijkheid（ラテン語では恐らく concupiscentia）であり、むしろ邪慾又は惡しき慾望とでもいふべきものである。これはここでデカルトの二元論を代辯してゐる。

（四）　フロイデンタールの示唆に從ひ、ウォルフは「エチカ」一部定義二及び書簡四の物心平行論を引用してここは「限定しないこと」と否定に讀むべきだとしてゐる。勿論スピノザの物心平行論から言へばさうあるべきだが、ここは物心相關を認めるデカルト說を代辯してゐるのだから、テキストのまゝでよいであらう。

（五）　ここの忘却（vergeetenheid）は何を意味するのか必ずしも明らかでない。マイエルはこれを不名譽乃至恥辱を意味するものであらうとし二部十四章に關係づけてゐる。

（六）　「第二概念」（tweede kundigheid = notio secunda）はスコラ哲學、殊に十七世紀初葉のライデン大學教授ブルヘルスダイクやその後繼者ヘーレボールド（スピノザの哲學用語は屢〻この二者に基づいてゐる）の「論理學」の中で說明されてゐる語であり、結局抽象概念のことである（彼らは物そのものに關する概念例へば人間、動物、馬等の概念を第一概念と名づけ、第一概念から抽出した論理學上の概念例へば類、種、範疇等の概念を第二概念と名付けた）。尙この語は「エチカ」二部定理四〇備考一にも出て來る。

（七）　超越的原因及び內在的原因の意義については一部三章への譯者註二の㈡參照。

（一）この對話の最初の部は第三章の最後の部と意味的につながりを持つてゐるのでマイエルはこの第二對話を第一對話と切り離して第三章の後に置いてゐる。一方、この對話は本書の最後の章（二部二十六章）の內容を折々引用してゐるのでボルコフスキーはこの對話を本書の主要部分の最後に置くべきものとしてゐる。又ゲプハルトはこの對話をばアムステルダムの友人たちが本書の讀了後出した質問（二部二十六章末段參照）に對するスピノザの答へであらうと見てゐる。

（二）ティオフィルスもエラスムスも共に實在の人物にある名であるがここは別にそれに基づいたわけでなく、スピノザが單に自說の代辯者と質問者とを表示するために用ひた任意の名前であり、殊にティオフィルスは神への愛といふ意味の名だからスピノザが自說を代辯させるに適當な名であらう。この名はブルノーの著書にも出て來るがスピノザがそれに倣つたわけではなく單なる偶合と見られる。

（三）遠隔原因の意義については一部三章への譯者註二の(八)參照。

（四）ゲプハルト版ではここは先行原因（eerder oorzaak）とあるがここもやはり前に出て來るものと同じく遠隔原因（veerder oorzaak）とある方が自然だと私には思へる。

（五）一部三章の最後の節を見よ。

（六）二部二十六章（二〇七頁五行）。

（七）二部二十六章（二〇七頁一八行）。

（八）觀念が屬性の直接的產物であるといふ見解は第二附錄（二一六頁一六行）にも出てゐる。

（九）ウォルフはこの個所をクラウベルク（Claubergius）の「論理學」一部六章六十二節の「太陽は室が明るくされる原因である。しかし扉を開くことは明るくなるための必須的條件である」（Sol est causa a qua conclave illuminatur; sed remotio valvarum est causa sine qua non fit illuminatio）なる句と關係づけてゐる。クラウベルクの「論理學」はスピノザの死後その藏書の中に發見されてゐるから（藏書番號一二七）ウォルフの推定は充分首肯される。

（一〇）觀念の發生の有樣を前者（物體の運動）の場合と異なり窓を開く場合と同じだと見たのであらう。

（一一）かうした思想については二部序言への著者註や、同二十章への著者註參照。

（一二）神の自己顯現については二部二十四章後半參照。

第三章

（一）この章の標題は目次の方には「神が萬物の原因であるといふこと」となつてをり、モニコフ本でもさうなつてゐる。

（二）起成原因（de werkende oorzaak=causa efficiens）とは何らかの結果を生ずる動力となる原因のことで成果的原因、動力原因、活動原因、作用原因などとも譯される。スピノザにあつては起成原因は單に原因といふのと同義である。彼の哲學に於ては、物の定義を重要視し、そして物の定義は、彼に依れば、その物の起成原因を含まねばならぬのであるから、彼が本書や「エチカ」で起成原因の説明に力を注いだのは當然である。然しここにある彼の起成原因の分類は、前にも引用した十七世紀のオランダのスコラ哲學者ブルヘルスダイクやその後繼者ヘーレボールドのそれを採用してそれに若干の變更を加へたものに過ぎないから、我々は以下に、ブルヘルスダイクやヘーレボールドに依る起成原因の八分類とその各〻の定義を、及びスピノザがそれを如何なる風に利用したのであるかを明かにしたい（「エチカ」ではこの八分類のうち㈠と㈦を除き六分類に止めてゐる。文庫版「エチカ」一部への譯者註二〇參照）。

㈠　流出原因とは自己の存在だけで結果を生ずる原因であり、活動原因とは自己の活動を通してその結果を生ずる原因である。例へば火は自己の熱の流出原因であり、又それが他物へ與へる熱の活動原因である。スピノザに依ればこの二者は神に於ては一に歸するといふのである。

㈡　內在的原因とは自己の內に結果を生ずる原因であり、超越的原因とは自己の外に結果を生ずる原因である。例へば知性は諸概念の內在的原因であり、建築家は家の超越的原因である。

㈢　自由原因とは精神の判斷に基づいて働く原因であり、自然的原因とは自然の必然性に基づいて働く原因である。しかしスピノザに於ては自由とは自己の本性の必然性に基づいて行動することだからスピノザの自由原因とは一方に於て意志の自由裁量を排除すると共に他方に於て必然性と兩立し得るのである。

(四) 自己自身に依る原因とは自己の本性又は意向と一致する結果を生ずる原因であり、偶然に依る原因とは自己の本性又は意向と一致せざる結果を生ずる原因である。例へば或る人が土を掘る時彼はそのことに對し自己自身に依る原因であるが、たまたまそのことに依つて土中の寳を發見した場合彼はそれの偶然に依る原因と言はれる。

(五) 主要原因とは自己の力に依つて結果を生ずる原因であり、補助原因とはその際主要原因を助ける原因である。

ブルヘルスダイクやヘーレボールドはこの補助原因を手段的補助原因、誘發的補助原因、素質的補助原因の三つに分ける。

例へば建物の主要原因は建築家であり、手段的補助原因は鋸や斧、誘發的補助原因は報酬、素質的補助原因は利慾心である。

別な例を取るに、胸の弱い人が通風のよい場所で風邪をひいて病氣を惡化したとすれば通風は誘發的補助原因、弱い胸は素質的補助原因である。

これらの諸概念をスピノザは彼獨自の立場で神に適用したのである。

(六) 第一原因とは他の何物にも依存しない原因である。從つて前述の主要原因は手段的補助原因に對し第一原因である。

(七) 普遍的原因は特殊的原因と對立して名づけられる。後者は一種類の結果を生ずるに對し、前者は多くの種類の結果を他の諸原因と共同して生ずるものである。神はあらゆるものを生ずる點に於て普遍的原因であるが、自己以外の諸原因の協力を要しない點に於て一般の普遍的原因と異なるといふのがスピノザのここでの意味であらう。

(八) 最近原因とは原因と結果の間に何ら媒介物の存しない原因であり、遠隔原因とはその間に媒介物の存する原因である。例へば親は子の最近原因であり、これに對し祖先は子孫の遠隔原因である。

第四章

(一) この章の內容は「エチカ」一部定理十六、十七(殊にその系二)、三十三(殊にその備考二)、二部定義六、「神學・政治論」六章、「形而上學的思想」一部三章、二部九章等と密接な關連を有する。就いて參照されたい。

(二) 以下の節は前節とほゞ同一思想であり、そしてこの兩節とも「更に」(ten anderen)なる句を以つてはじまつてゐる。これで見るにこの兩者のいづれかがもとは註であつたのが誤つて本文に入れられたのかも知れない。

(三) 誘發的補助原因については前章への譯者註二の(五)參照。

(四) この後に「それで若し神が以前に物をその現に在るとは異つて作つたとしたら神はかつて不完全であつたことにならざるを得ない。これは誤りである」なる文が入つてゐる。ゲプハルト版はこれをスピノザ自身のものでないと見て〈 〉印を附してゐるが、この文はむしろ全然除いてしまつた方が前後の關係がはつきりする。モニコフ本もこれを除いたし、マイエルやウォルフもさうしてゐる。

（五）モニコフ本はこの〈　〉の中にある文をも除いてゐる。しかしこの文は前註で問題にした文と異なり全體との關連に於て別に妨げとなる程度のものでないから私はゲプハルト版通り〈　〉を附した上で存して置いた。

第　五　章

（一）スピノザの內在的な神の概念はスピノザをして攝理の解釋を從來と全く異なるものにさせた。彼の解釋は神學的なそれと全然異なりむしろストア派のそれに近似する。

（二）自己保存の努力については更に「神學・政治論」十六章、「エチカ」三部定理四、六、七等でも觸れられてゐる。

第　六　章

（一）偶然性の問題については「形而上學的思想」一部三章、「エチカ」一部定理二十九、三十三備考一參照。

（二）自由意志の否定については「エチカ」一部定理三十二、二部定理四十八參照。

（三）混亂や罪なる概念に關する一般的考察は「エチカ」一部附錄の終りの方にも見られる。

（四）この點については「エチカ」四部序言參照。

（五）ブケファロスとはアレキサンダー大王の馬の名。

（六）本書一部十章。

第七章

（一） かかる主張はジグワルトやマイエルに依ればヘーレボールドの Disputationes ex Philosophia (Meletemata Philosophica) の一の一四七頁にある。

（二） 中世のアラビア及びユダヤ哲學にはかゝる主張があつたとされる。

（三） スピノザが主として念頭に置いてゐるのはトマス・アクイナスである。本書一部一章末段參照。

（四） 前の豫定に關する個所を指す。

（五） この點については「知性改善論」九六、九七參照。

（六） ゲプハルト版にはこの間に「自分自身に依つて」(door zig zelf) なる句が入つてゐる。即ち「それが自分自身に依つて存在する實有の屬性として自分自身に依つて存在する以上……」となる。これは稿本に於けるこの文の表現がやや不備なためジグワルトが訂正してここに per se なる句を入れたのに基づく。しかし、屬性の自立性を、原則として認めないのが本書の行き方とすれば（この點については Erich Becher; Der Begriff des Attributs des Spinoza 14—32 參照）、むしろこの句は入れぬ方がよいとも思はれる。マイエル、アッピューン、ウォルフ等にも入つてゐない。

（七） デカルトは「省察錄」の末尾に自說への六つの駁論とその答辯とを附してゐるが、神の妥當認識に關するものはその第五駁論——ガッサンディから出された——への答辯の中にある。十八頁なる數はスピノザが有してゐた一七五〇年版の同書に依る頁付けとされる。

（八）稿本には、初めアプリオリと書かれてあるのが、消されてアポステリオリと直されてをり、ゲブハルト版もアポステリオリの方を採つてゐる。しかし、原因に基づく證明は、それが自己原因たると外的原因たるとを問はずアプリオリの證明とされたのだから（本書一部一章末段、並びに同章への譯者註二參照）、こゝもアプリオリの方がよいと思はれる。

第八章

（一）自然のかうした分類の思想は古くからあつたが能產的自然、所產的自然なる用語を初めて用ひたのはアヴェロイスだと言はれる。この用語はスコラ學派やルネッサンス時代に好んで人々に用ひられたがこれに最も明確な汎神論的意義を與へたのはスピノザである。「エチカ」一部定理二十九備考參照。

（二）普遍的な所產的自然、個別的な所產的自然なる分類はもはや「エチカ」では見られないが、被造物を「神から直接的に生ぜられた物」（無限樣態）と「神から間接的に生ぜられた物」（有限樣態）とに分類してゐるのは實質的にこれと同じ思想である。「エチカ」一部定理二十八備考參照。

（三）從來のテキストでもゲブハルト版でもこの「何らかの實體」は eenige zelbstandigheeden と複數形になつてゐる。モニコフ本はこれを eenige zelbstandigheid と特に單數形に直しウォルフやアッピューンもこれに從つてゐる。しかし本書に於ける實體とは屬性を意味することが多いのだからここももとの複數形のまゝでよいであらう。

第九章

(一) この註はかなり問題を含んだ註である。多くの研究者はこれをスピノザ自身のものでないとし(フロイデンタール、マイエル、ウォルフ、アッピューン)、殊にフロイデンタールは、ここに見る物質と運動に關する說は「スピノザの眞劍な學說」であり晩年にもそのまま繰り返へされてる(書簡六四)のだから何もこんな保留的註を付する必要はない、この註は恐らく今は失はれた何らかの別な個所への註に違ひあるまい、としてゐる。これに對してゲプハルトは、これをスピノザ自身の註、しかも重大な意味のある註としてゐる。卽ちスピノザは運動に關しては、殊に延長の屬性からの個物の生起の問題に關しては、最晩年まで說が確定せず、チルンハウスからこの點に關し質問されて、自說がまだ十分まとまつてゐない旨答へてゐる(書簡八三)、つまり物質に於る運動の問題に對する彼の根本態度は若き日にも最晩年にも動搖を示してをり、この註も、彼が弟子たちに自說を口授筆記させる際その意味で保留的態度を示さうとしたものである、とゲプハルトは見てゐる。だがこの註は「著者は……」と第三人稱の形式で書かれてをり、かうした書き方はスピノザの書の他の個所には見られないのであるから、この外形的理由のみから言へば、この註はスピノザ自身のものでなく編輯者なり筆寫者なりに依つて附せられたと見るのが當つてゐるかもしれない。そして若しこの註が編輯者に依つて書かれたとすれば、編輯者、卽ちヤーラッハ・イエレス（解説参照）は、運動がここで神の子と呼ばれてゐることに對し、自己のキリスト教徒的信念から衝撃を感じ、特にこの註を附する氣になつたものと解される。

（二）かうしたことを特別に取り扱つてる個所は本書に出て來ないやうに思へる。

第十章

（一）理性の有についてては一部二章譯者註一〇參照。

（二）一部六章末段參照。

（三）「眞の實在性」。オランダ文では een volmaakte wezentheid であり、文字通りには「完全なる本質」であるが、スピノザにあつては完全性＝實在性（一部六章最末段や「エチカ」二部定義六參照）であるから、ここは眞の實在性の意味に解した。その方が文意が判然とすると思ふからである。

（四）ジグワルトやフロイデンタールは以上の十行を、スピノザ自身でなく弟子の一人が書いたものであらうと推定し、ウォルフもこの個所は、本章の主題の確證に多く寄與するところがない論據薄弱なものだからといふ理由で、スピノザ以外の人の書いたものとしてゐる。ゲブハルト版もこれに贊成し、この個所に、スピノザのものでないと推定する印たる〈 〉を附してゐる。しかし本書の中で論據の薄弱な個所は何もここのみでないのだから、單にさうした理由のみでこれをスピノザのものでないとするのは必ずしも適當でないであらう。殊にこの個所の內容は一部六章末段のそれと呼應してゐるやうに思へるのであるから。

第二部　序　言

（一）こゝと殆ど同一の斷り書きを我々は「エチカ」二部の前書きの中に見出す。

（二）以下の長い註の中に示された精神と身體の關係は本書二部二十章の著者註や第二附錄の中でも觸れられ、更に「エチカ」二部定理十一以下で展開される。この註が本來この個所に置かるべきものだつたか否かについては二部一章への譯者註二を參照されたい。

（三）一部二章（七〇頁七行）を指すのであらう。

（四）物の本質に關してのこれと同樣な思想は「エチカ」二部定義二及び同部定理十の系の備考の中に見出される。

第　一　章

（一）この第一章と次の第二章は同一著作の中に連續して出て來べきやうな性格のものではあり得ない。といふのは第一章（但し初めの部を除く）と第二章との內容は實質的に同じだからである。殊に第一章の中にある比例法則からの引例の敍述は「知性改善論」の中にもあるので、「改善論」と「短論文」を同一書の中にまとめようとした當時のスピノザとしてはこの敍述を「短論文」の中で繰り返すことは不必要だつたわけである。これらの理由に基づきゲプハルトはこの第一章（但し初めの部を除き）はアムステルダム時代のオランダ語に依る口授筆記の原稿に基づくものであり第二章はラインスブルフ時代の訂正原稿に基づくものであるとしてゐる、そして「短論文」の編輯者が單に自己の好みのみからしてこの比例法則からの引例を重大視しここに保留して置いたものとしてゐる（Gebhardt, Spinoza Opera I. 426—427 參照）。

（二）人間を構成する諸樣態が如何なるものであるかを述べることが前の序言（一〇九頁九行—一〇行、一一三頁二行）で豫告されてをり、それが今ここに實行される段取となつてゐるのに、實際にはそれがここに見られない。しかもそれに關する敍述は却つて前の序言に附された長い註の中に出て來る。これは恐らく次のやうにしか解され得ないであらう。——スピノザは實際ここにその敍述を爲したのであるが後でそれに不滿を覺えてこれを消し、代りに今序言に附せられてゐる註を書いたのであらう、編輯者乃至筆寫者はその消された部をそのまゝ除去し一方その代りに書かれたものを誤つて序言への註として附したものであらう、と（Gebhardt, Spinoza Opera I. 473 參照）。

（三）信念（geloof）なる語は次章以下では「眞の信念」卽ち理性認識の意味に用ひてゐるのにこの章では臆見（waan）（卽ち妥當な理由に依らずにたゞ單にさう思ひ込むこと）と同じ意味に用ひてゐる。

第二章

（一）前註に述べた如く以下の信念とはすべて眞の信念卽ち理性認識のみを意味してゐる。

（二）これと同じ思想は本書二部十九章、第二附錄、「知性改善論」一〇九、「エチカ」公理三等でも觸れられてゐる。つまりスピノザは感情の原因を專ら精神にのみ求めたのであつて、感情の起原を動物精氣の運動に歸するデカルト説とまともに對立するものである。

第三章

（一）以下に於ける諸感情の配列はデカルトの「感情論」の中のそれに極めて依存してゐる。本章で臆見から生ずる感情の例として驚異、愛、憎み、欲望を擧げたのも、又第四章以下で諸感情の價値判斷をなすに際し驚異、愛、憎み、欲望、喜び、悲しみと順序を追つてゐるのも、漫然とさうしたのではなく、專らデカルトがこの六感情を人間の根本的感情として取扱つたのに從つたのである。

（二）意見（opinien）なる語は後で臆見（waan）と全く同一意味に用ひられてゐるが、この章では意見は臆見の一部として、卽ち臆見が傳聞と經驗とに分たれてゐるに對し意見は主としてその經驗の方のみを指し恰も傳聞と對立するかの如き用ひ方をしてゐる。

第四章

（一）ここはテキストでは「我々の外に在る事物――我々の內に在る事物をでなく――を」と內と外が反對になつてゐる。しかしそれでは第一の結果の敍述の繰り返しに過ぎなくなるではあるまいか。ここは眞の信念卽ち理性が我々を直觀的認識へ導く段階となることを說いたものと見られるから（二〇六頁參照）內と外がテキストと反對にあるべきものと思はれる。

(二) これは「短論文」のどこにも說かれてゐないやうである。恐らくかつてあつた原稿の一部が紛失したのであらう。

(三) この次に第四の結果即ち眞と僞の區別が來る。これはずつと後で即ち十五章で論ぜられる。

(四) 善惡に關する考察は旣に一部六章後段及び一部十章でもなされてゐる。それらの個所參照。

(五) ここと同じ思想が「知性改善論」(一三)や「エチカ」四部序言でも說かれてゐる。

(六) 「形而上學的思想」一部一章參照。

(七) 第四種の認識に論及しようとするのである。

(八) ここに又驚異以下の諸感情が出て來るのは勿論前章の單なる繰り返しではない。前章ではこれらの感情の發生經路を說いたに對し、以下はこれらの感情の價値判斷を主題とするのである。

第五章

(一) 本書に於る愛の定義はデカルト傳來のものである(デカルト「感情論」七九參照)。しかし愛をその對象に依つて區別しようとする思想はデカルトには見られず(デカルト「感情論」八二參照)、スピノザ特有のものであるやうに思はれる。

(二) 本書二部十五章にも「神は眞理であり眞理は神である」とある。

第六章

(一) 人間が人間にとつて最も有益なものであるといふのはスピノザの好んで説く思想である。「エチカ」四部定理十八備考、三十五系一、附錄九參照。

第七章

(一) 「短論文」に於てはデカルトの説に從つて喜びと悲しみと慾望は上記の驚異、愛、憎みと共に根本的六感情とされてゐるが「エチカ」では前三者(喜び、悲しみ、慾望)のみが根本感情とされ、「エチカ」に於ける感情論の機構は「短論文」のそれと全く異なるに至つた。

(二) 或る物を善と思ふことを意味する。

(三) 「知性改善論」でもあらゆる悲しみや惡しき感情は可滅的事物を愛する時に現はれるとし、ひとり神への愛のみが「純な喜びを以つて心をはぐくみ一切の悲しみから離絶する」としてゐる(「改善論」九、一〇)。

第八章

(一) 八章から十三章までは前記の根本的六感情から派生する特殊感情を取り扱つてゐる。その配列及び定義はデカルトの「感情論」に於けるそれと極めて近似してゐる。それが如何なる程度にデカルトに依存してゐるか、又それが如何なる風に「エチカ」でスピノザの獨自的なものにまで發展してゐるかは、甚だ興味ある研究題目たるを失はないが、ここはそれを深く追求する個所ではないから、以下ではただ、そのうち、特に注意すべきものに言及するに止めよう。

（二）矜持（edelmoedigheid）はデカルトの générosité（「感情論」一五三）に該當するものであるが、「エチカ」に關連せしめて言へば一般に言はれてゐる如く generositas（寛仁――「エチカ」三部定理五十九備考）には該當せずむしろ aquiescentia in ipso（自己滿足――「エチカ」三部感情定義二十五）に該當するものである。

（三）自惚はデカルトの「感情論」（一五七）では orgueil、「エチカ」（三部感情定義二十八）では superbia（共に高慢なる語が當る）の名で出てゐるものと同一感情である。

（四）謙遜は「エチカ」ではこことと異なり悲しみの一種である故に善でないとされてゐる（四部定理五十三）。

第九章

（一）本章で取り扱はれてゐる諸感情についてはデカルトの「感情論」一六五――一七六にも出てゐるが、スピノザの方が手際よく説明してをり又デカルトよりも獨創的なものを多く含んでゐる。そして「エチカ」でも大體本章と同樣な説明がなされてゐる。恐怖や絶望のみでなく希望や安堵をも惡と見做してゐるのは如何にもスピノザらしい（デカルトはこれらの感情に價値判斷を與へてゐない）。

（二）〔 〕の中の文はテキストにはないがモニコフ本で附加されてるものであり、この附加があれば前後の連絡がより明瞭になるから私もこれを入れた。ウォルフの英譯、アッピューンの佛譯もこれを入れてゐる。

（三）これはデカルトが「感情論」一六七――一六九で jalousie（＝zelotypia）として擧げたものと同一感情であり「執着」の語があてはまるであらう。しかし「エチカ」ではこの zelotypia なる語はもつと強い特殊な感情に――悋氣とか怨慕とかの語が當てはまるやうな感情に用ひられてゐる。「エチカ」三部定理三十五備考、五部定理二十參照。

第十章

（一）この感情はデカルトが「感情論」一七七に remords de conscience（＝morsus conscientiae）として擧げたものである。デカルトはここよりもつと明瞭に「……とは現になしてゐること、又は既になしたことが善くないのではないかといふ疑ひから來る一種の悲しみ」と定義してゐる。しかしこの morsus conscientiae なる語は「エチカ」では全く別な意味に、卽ち落膽なる感情に用ひてゐる。「エチカ」三部感情定義十七參照。

第十一章

（一）この語の原語は boerterije (=jocus) で、字義通りには諧謔又は冗談であり、「エチカ」ではこれを嘲弄と區別して善きものと見てゐるが（四部定理四十五系二備考）、ここでは嘲弄の同類語として惡しき意味に用ひられてゐる。これはデカルトの「感情論」一七八の moquerie から來たものであり、諧謔や冗談よりは揶揄なる語が當るであらう。

（二）ここで言ふ笑ひは大體快活と同意義のそれである。笑ひは「エチカ」でも諧謔（jocus）と共に善きものとして取り扱はれてゐるが（四部定理四十五系二備考）、「エチカ」の笑ひはここと異なりむしろ身體にのみ關するそれを指してゐる（三部定理五十九備考）。

（三）動物精氣の假說は古代にも中世にもあつたがこれを最も發展させたのはデカルトであり、デカルトに依れば、それは血液のうち、心臟內で熱のため稀薄にされた精妙活潑な部分であつて、絕えず多量に腦室に入つてゆく、そして、身體の各部を樣々に動かすのも、感情が產出され强化されるのも、その作用に依る、としてゐる。

（四）ここでスピノザが念頭に置いたであらうデカルトの「笑ひ」(ris) についてはデカルトの「感情論」一二四―一二六參照。

第十二章

（一）名譽及び恥辱についてはほゞ同じ定義がデカルト「感情論」二〇四―二〇六に出てゐる。「エチカ」のそれは三部定理三十備考及び感情定義三十、三十一參照。

（二）無恥のかゝる起因についてはデカルト「感情論」二〇七參照。

（三）名誉や恥辱、更に又十章の心の苛責や後悔は、デカルトに依れば人間を徳へ導く有益な感情とされるが、スピノザにあつては、さうした機能はこれらの感情なしにも理性に依つて充分果され、これらの感情それ自身は惡であるとされる。この邊にも徹底した合理主義者たるスピノザの面目が窺はれる。尤も「エチカ」ではかゝる態度に對する若干の緩和的敍述がなされてゐる（「エチカ」四部定理五十四備考、五十八、同備考、附錄二十三）。

（四）外的行動に於ては隣人に順應すべしとするのがスピノザの生活規則の一であり、このことは「知性改善論」（一七）からも明らかになつてゐる。

第十三章

（一）こゝに見る好意及び感謝についての一見特異な定義も既にデカルト「感情論」一九二——一九四にある。「エチカ」でも依然これとほゞ同じな定義が採用されてゐる（三部感情定義十九、三十四）。

（二）デカルトは感謝を美德とし好意もこれに準じてゐる。スピノザはその獨自の主義（十二章への譯者註三及び次の十四章參照）からこれらを美德とは認めない。しかし「エチカ」ではかゝる態度をやゝ緩和してゐる（四部定理五十一、七十一）。

（三）歎きについての敍述は從來のテキストでは十四章の始めになつてゐるが、ゲプハルト版ではマイエルの現代蘭語譯の例に倣ひこれを十三章の終りに繰り上げ、十四章には別な題名を附してゐる。

(四)歎きは本書では beklagh であつて、フローテンはこれに commiseratio なるラテン語を當てデカルトの「感情論」一八五—一八九の pitié に關連させてをり、ジグワルトもこれに從つてゐるが、これは當らない。この感情はデカルト「感情論」二〇九に regret(=desiderium)として出てゐるのと全然同一である。「エチカ」でも desiderium(思慕)なる感情がこれと同一物である(三部感情定義三十二)。

第十四章

(一)二部二十一章參照。
(二)以上の一節並びに次の一節は「知性改善論」の道德論的序論の中の著名な個所(第七章への譯者註三でも引用した)を想起させる。「改善論」九、一〇參照。
(三)「エチカ」五部定理二十備考の後段參照。
(四)二部二十三章を指す。

第十五章

(一)眞と僞に關する同樣の定義(外的特徵に依る)は「形而上學的思想」一部六章、「エチカ」一部公理六にもある。內的特徵に依る區別は「知性改善論」六九——七三、「エチカ」二部定理三十四、四十三等にある。尙「エチカ」二部定義四及びその說明參照。
(二)實的區別と理性に依る區別については「形而上學的思想」二部五章、デカルト原著「哲學原理」一の六十、六十二、參照。
（三）眞理の自明性については「知性改善論」三十五、四十四、「エチカ」二部定理四十三備考。
（四）本書二部五章參照。
（五）「認識は單なる或は純粹なる受働である」（Het verstaan is een zuijvere of pure lijding.）といふ句は、本章及び次章に出て來る他の二三の句と共に感覺論的色彩を帶び、スピノザの後年の認識論とまともに矛盾するかに見えるので、これに關し研究者の間に色々な解釋があつて一定しない。だが、この句の意味を理解する前に我々の注意せねばならぬのは、かうした思想なり用語なりが旣にスピノザの二三の先蹤にも見出されることである。例へばトマス・アクイナス（「スンマ・テオロギカ」一、七十九、二）には「知性は受働的能力である」（Intellectus est potentia passiva）とあり、ヘーレボールドにもこれと同樣の表現があると考證され、更に又デカルト（「感情論」十七）にも「我々の內に存する各種の知覺や認識は一般にこれを受働と呼び得る」（on peut généralement nommer ses passions toutes les sortes de perceptions ou connaissances qui se trouvent en nous）とある。スピノザは他の點でもこれらの人々から影響を受けてゐるのだからこの句も字句的にはこれらのものと關係づけてよいであらう。しからばスピノザはこの受働なる語を如何なる意味に用ひたであらうか。決して言葉の嚴密な意味に於てではあり得ない。彼は好んで理性の有（思惟する精神の外に決して實在しない物）や虛構について語り又普遍的概念や推理について語つてゐるが、かゝる種類の認識にあつてはこの受働なる語はしかく嚴密に解することは不可能だからである。ここに言ふ受働とは結局スピノザ自身がこのすぐ後で言つてゐるやうに「我々の精神が或る種の變化を受けてそれが以前に有しなかつた他の思惟様態を得ること」を意味するものにほかならぬとせねばなるまい。そしてすべての認識は素材的には事物乃至事物から來た表象（それが現在的なものであると再現的なものであるとを問はない）に依つて決定されるにしても、これが認識を構成するのに何らかの形に於て我々の精神の側からの働きを必要とすることは否定されないものと解せねばなるまい（尙この點については一六四頁參照）。これは恰も彼が、感情を外的事物からの刺戟に依ると說きながら、外的事物が事物としてでなく客體（對象）として作用するのであり、感情の主要原因はあくまで我々の觀念である、と繰り返し述べてゐるのと類似する。尤も本書に於けるスピノザの所說には認識の受働的要素がより多く感知され、神の知性の一部としての人間精神の能働性といふ思想はまだ充分には明確にされず、後年に見る受働的な表象認識（イマギナチオ）と能働的な知性認識（インテレクチオ）との峻別も確立されてゐないことは事實である（本書に於ける彼の自由乃至福祉に關する敎說が後年のそれの能働的、合理的、倫理的なるに對し著しく受働的、神祕的、宗敎的であるのもこれと關連して考へられる）。スピノザは恐らくこれにあきたらず思つたのであらう、本書主要部分の後で書かれた第二部序言の註、第二部二十章の註、第二附錄等でかうした立場へ一步近づいてゐる。これが發展して「知性改善論」や「エチカ」の認識論となるのである。

（六〇）　先の質問にこの章で全部答へられてゐるわけでない。最後の質問の答は次章にある。

第十六章

（一）「形而上學的思想」二部十二章「エチカ」二部定理九備考參照。

（二）本書二部三章。

（三）本書一部六章。

（四）ここの原文は「個々の意志作用の起成原因の觀念は觀念ではなくて……」であるが「の觀念」(de Idea van) は除いた方が意味が通り易い。ジグワルト、マイエル、ウォルフ、アッピューンもさうしてゐる。ゲプハルト版は原文を生かしてこのまゝで解釋しようと力めてゐるが、やゝ無理の觀がある (Gebhardt, Spinoza Opera I. 495—496 參照)。

（五）物の維持は言はば絶えざる創造であるといふのが中世に於ての普通の思想であつた。

第十七章

（一）テキストの標題はもともと「意志と慾望の相違」であつたがこの標題は次註に説くやうな理由でこの章には適しない。この章の標題は「慾望は自由であるかどうかについて」でなければならぬ。

（二）《 》の中の文は本書の全體の構成から言つて重複した個所であり、むしろこれは除いて直ちに「そこで今は……」(一六六頁一五行) へ續くべきであらう。その理由は次の如くである。㈠、意志と慾望の區別は既に前章に述べられてゐる。㈡、《 》の中はその繰り返しでありしかも敍述がごたついてゐて却つて讀者を混亂させる。殊に意志（voluntas）の定義に關するスピノザとアリストテレスの見解が異つてゐる以上（スピノザに於ては意志＝肯定し否定する力でありアリストテレスにあつては意志＝慾望である）アリストテレスの説をここにそのまゝ述べただけでは意味をなさぬ。㈢、そのアリストテレスの説も充分正確には述べられてゐない。㈣、「ラテン語を用ひる人々の間で voluntas と呼ばれてゐる云々」（一六六頁四行）といふやうな表現はラテン文で書かれたものの中には考へられず、ここの原文はオランダ語であつたと見られる。㈤、從つてこの個所は「短論文」のラテン文からのオランダ譯ではなくてアムステルダム時代に於けるオランダ語に依る口授筆記の一部でなければならぬ（解說參照）。㈥、故にこの《 》の中はここにあるべきものでないのを編輯者が何らかの理由でここに保留して置いたものであらう。（更にこれはスピノザ自身の書いたものかどうかさへも疑はれるが、しかしこの中にはスピノザが若き時代かなりの影響を受けたレオネ・エブレオの「愛の對話」の中の用語や思想が反映してゐると考證され、全體的にやはりスピノザのものと見られる。）

第十八章

（一）この章は本書の構成の上に於て大切な位置を占めてゐる。卽ち本章の內容は意志の非自由性や神に對する人間の依存性を力說する點で「エチカ」二部定理四十九の長い備考を思はせ、又人間が自然の一部でありその秩序に順應すべきことを說いた點で「エチカ」の四部に當る。そしてこの章を境としてこの次の章から人間の眞の自由、眞の幸福を論ずる段取になり、それは「エチカ」の五部に當る。

(三) 「エチカ」二部定理四十九備考參照。

(三) 本書二部二十六章。

第十九章

(一) 第十九章には「我々の福祉その他について」といふ標題がついてゐる。然しこの標題は以下全部の章にあてはまるのであつて、この十九章は主として身體と精神の關係を述べたものだから、標題をその意味に改めた。本來の倫理的思想を展開する前提として身體と精神の關係を取り扱つたことは、「エチカ」第五部の序言に於けるそれと軌を一にする。

(二) ロマ書三ノ二〇、二三、二四參照。この註は、「短論文」の編輯者がイエレスであつたこととの一傍證ともなつてゐる(解說參照)。

(三) これは第一章でなく第一部とあるのが適當であらう。ウォルフは一部二章第一對話のことであらうと言つてゐる。

(四) 本書に於てスピノザが心身の相互關係をどう見てゐたかは簡單には把握し難い問題の一つである。何故なら心身の關係が主として取り扱はれてゐるこの十九章及び二十章には、フロイデンタールやウォルフが既に指摘してゐる如く、それについて大體三通りの見解が雜然と入り交つてゐるからである。卽ち(一)、心身は或る程度の相互作用を爲し、これは動物精氣の媒介に依つて起るとする見解（一七六頁五行以下、一七七頁四行以下、一八三頁一六行以下）。㈡、この相互作用は心身が同一物の兩面にすぎないものである故に行はれるとする見解（一八四頁註、一七六頁一〇行以下）㈢、心身は絶對に相互作用せず一見作用するかに見えるのは心身に於ける平行現象にほかならぬとする見解（一七四頁一六行以下、一七五頁一二行以下）。このうち㈠はデカルト説の踏襲であり㈢は「エチカ」に見られるスピノザの最後的見解であり㈡はその中間をゆくものである。それぞれ異つた時期に書かれたと思はれる上述三階段の見解がこの十九章及び二十章には順序なく入り亂れて並んでゐるが、これは編輯の不備のためと考へるよりほかなく、現在の我々がこれを今更そのあるべかりし順序に正しく整理することは出來ぬ。だが大體に於て前記㈠、㈡、㈢の理論的順序がそのまゝ年代的順序であると見てよいであらう。

（五） ここはテキストには「精神と身體は」(de ziele en het lighaam) となつてゐるが私はかつてジクワルトが訂正したやうに「身體の中に於ける精神は」(de ziele in het lighaam) と讀みたい。

（六） 以上の括弧の中の文の後半はテキストではやや分りにくい表現になつてゐるので私は幾分自由譯を試みた。モニコフ本もこの個所は若干訂正の上で收錄してゐる。それにしてもここにある非物體的諸事物 (onlighaamelijke dingen) とは何を指すのであらうか。それは、この文やこの文の前後の個所、殊に本章に附せられた一番終りの原註（一八〇頁）から見て、我々に既知の二屬性以外の他の無限の諸屬性を意味するものでなければならぬ。

かうしたものについてスピノザがどんな考を抱いてゐたかをもつと具體的に知ることは我々にとつて甚だ興味あることであるが、ここに「後で示すだらうやうに」とあるにかゝはらずそれを特に説明した個所は本書のどこにも見出されない。尤も外形的にのみ言へば、二十二章の末段には、非物體的客體(onlighaamelijk voorwerp)への認識と愛が物體的諸事物への認識と愛とに比し全く異るものである所以を說いた個所があるけれども、その場合の非物體的客體とは神のことであり、その個所は今ここに約束されてある事柄を説明したものと見ることは出來ないのである。

第二十章

(一) この註は稿本では欄外にあるが、本文のどれと關係させるのか指示附號が附せられてないので、果して普通の註かどうかも必ずしも明らかでないが、從來のテキストでもゲプハルト版でも普通の註として扱はれてゐる。だが、本文で先に悲しみの二種類が云々され、その後本文にはその一種類だけ説明されてあつてもう一つの種類はこの註で取り扱はれてゐるのだから、この註はむしろ先の續きとして本文の中に繰り入れた方がよいではないかとも思はれる。しかしテキストをさう著しく變形することはなるべく避けたいから暫らく從來の通りに普通の註として置く。

(二) 悲しみが二樣の仕方で生ずることを言つたものと解される。

(三) この長い註は精神と身體の關係に對するスピノザの思想が「短論文」を書き終つた後で

更に一歩前進したことを示すものとして注目される。この註は第二部序言への註及び第二附錄と共に「エチカ」第二部に於ける精神論へ移行する橋渡しの役割をつとめてゐる。

(四) ここ及び以下にある六命題の指示個所については稿本及びテキストには 頁とのみあつて頁數が書かれてない。このためこれは今は紛失された何らかの個所、或はスピノザが書かうと豫定して果さなかつた何らかの個所へ關連するものであらうといふ見方がある(フロイデンタールやウォルフ)。しかしこれらの六命題は大體に於て本書の中にそれぞれ該當個所があるのであり、イエレス本には確かにこの頁付けがあつた筈である。それが稿本(從つてテキストにも)にないのは、筆寫された稿本(寫本A)とイエレス本とは頁數が喰ひ違つてゐるため筆寫者はその指示頁數の個所を空白のまゝにして置いたのであらう。

(五) ここ及び以下にある「運動させる」とは輕い意味、卽ち運動の方向を或る程度變へるといふ意味に解すべきである。さうでなければ本書に於ける心身相關說は前記三階段(二十章への譯者註四參照)のほかもう一階段(精神が身體を運動させ得るといふ)があることになるがそれまで認めるのはゆき過ぎと思はれるからである。

(六) テキストにはペテロの代りパウロとあり次行のパウロの代りペテロとあるがこの順序はここに譯出したやうに逆にした方が自然である。

(七) この文では感覺(gevoelen)と反省的認識(idea reflexiva)とが直ちに等置されてゐるやうに見えるが、恐らくさうではなく、第二附錄の終りにあるやうに、感覺の結果として反省的認識(自意識)が生ずることを意味したに過ぎぬであらう。

（八）精神が他の諸物體を運動させ得るといふことは本書のどこにも說明されてないからこの句は何らかの誤記であるか若しくは表現の不備（例へば「それが」の後に「自己の身體を通して」などいふ句が脫落してゐる如き）であらう。モニコフ本はこの「それが運動させた」なる句を除いてゐるし、マイエルもこの句に？を附してその眞正性を疑つてゐる。

（九）運動と靜止を同一種のものと見做したが故にかう言つたのであらう。

第二十一章

（一）この章に說かれてゐる思想は更に「エチカ」四部定理十四、十五、十六、十七及びその備考に於て展開される。

（二）この前後の文章の構成がやゝ明快を缺いて意味がとりにくいやうなので、「さうした惡が」の個所を「さうした征服が」と讀むべしとする主張がある（マイエルやアッピューン）。しかしこの個所を入念に讀めばここは「さうした惡」で充分解釋がつくし又さうなければならぬ。「さうした征服」では却つてこの註の後段の趣旨に合はなくなる。

第二十二章

（一）「エチカ」二部定理十一參照。

（二）前行に於ける「身體は觀念の原因である」といふ表現は、誤解を招く恐れがあるので、この場合用ひられた原因なる語の意味につき註を附したものであり、恐らく編輯者又は讀者の手に成るものであらう。

（三） 精神が身體との合一から神との合一へ移行するプロセスは、「エチカ」のそれと比べて、更生なる語が暗示するやうに、著しく神祕的又は宗教的であり、いはば一種の回心であると言へる。

第二十三章

（一） 精神の不滅は本書二部序言註の最後でも觸れられてをり、「エチカ」では五部定理二十一――二十三、三十三、三十四系、三十九、及びその備考で論ぜられてゐる。尤もこれらの個所では多く不滅といふ言葉よりは永遠性といふ言葉で表現されてゐる。

第二十四章

（一） 如何なる思惟の樣態も神に歸せられ得ないことは「エチカ」五部定理十七とその系、及び定理十九で取り扱はれてゐる。しかし神が或る意味で人間を愛するものであることは更に五部定理三十六系及びその備考で論ぜられる。

（二） 神の法則並びに人間の法則については「神學・政治論」四、十六、十九の諸章に於て觸れられてゐる。

（三） この個所はテキストでは通常「自然の法則がより强力である時は (als)……」と讀まれ前後の關係がはつきりしなくなる憾があるが、ここの als のラテン原字は cum であつたと推定しこの cum を原因の意味に「……であるから」と讀めば前後の關係が明らかになる。

（四） 神の自己顯現に關する聖書の記述（スピノザがここを書く時念頭に置いたであらうところの）に關しては「神學・政治論」一、六、十三の諸章に詳しい。

第二十五章

（一） スピノザの立場からは惡魔などいふ問題は一考に附する必要もないわけであるが、當時にあつて人々は惡魔とか幽靈とかの存在を信じてゐたのでこれに一應觸れたのである（惡魔については「神學・政治論」二章にも一言されてあり、幽靈についてはフーゴー・ボクセルとの間の書簡――書簡五十一乃至五十六――の中で論ぜられてゐる）。しかし「エチカ」ではかゝる議論を全然無用なものとして除いた。因みに本書の惡魔の章は本書と「エチカ」との取材的相違をなす第一のものであり、將に紛失されんとした「短論文」の寫本の發見にこの惡魔の章の存在が相當役立つてゐることは解說で述べた通りである。

（二） ここでは物の持續はその物の完全性から發生すると言つてゐるに對し、「エチカ」では「我々の身體の持續はその本質に依存しない」（二部定理三十證明）とか「事物の持續はその本質からは決定されない」（第四部序言後段）とか言つてゐて一見反對のやうに見えるが、「短論文」に於ける所說と「エチカ」に於ける所說は勿論それぞれの意味で共に兩立し得るものである（アッピューンの佛譯への註參照）。

第二十六章

（一）「エチカ」五部定理四十二参照。

（二）「エチカ」五部定理四十一及びその備考。

（三）魚に關するこの比喩はヨエルに依ればタルムードの一傳說に基づくとしてゐるがフロイデンタールは聖書から出てゐるとしてゐる。

（四）以上三行はここに特に必要な句でもなく、又「我々自身の利益を求めるといふ原理云々」は「エチカ」第四部の主題の一であつてここでは幾分突然なのであり、そのためかモニコフ本はこの三行を除去してゐる。しかしこの三行は必ずしも前後の關係の妨げとなるわけではないからここには稿本やテキスト通りにこれを存して置いた。

（五）「エチカ」五部三十六備考。尙ウォルフはこの個所を舊約聖書ホセア書十一の四に關係させてゐる。

（六）これは理性認識の效用の一であり、旣に二部四章の二番目に述べたもの（一二四頁）と同じものであると考へる。

（七）以下の敍述形式は數學的形式に近く、彼が本書の第一附錄で始めて幾何學的形式を用ひた以前に旣に充分その傾向が出來てゐたことを示す。

尙十八章では神への依存が人間の隷屬とされたが以下では神との合一がとりもなほさず人間の自由であるとしてゐる。恰も「エチカ」前半で人間の自由が否定されたのが後で別な観點から自由を復活させてゐるのに等しい。しかし兩者の行き方の間には、既に述べたやうに、一方は神祕的、宗敎的、受働的の色彩が濃いに反し他方は合理的、倫理的、能働的の色彩が著しい。

（八）「エチカ」五部定理四十參照。

（九）「エチカ」一部定理十一備考、定理二十八、三部定理四參照。

（一〇）「形而上學的思想」二部四章參照。

（一一）本書一部第二對話（八二頁）參照。

（一二）本書一部第二對話（八〇頁）參照。

（一三）「エチカ」五部定理三十八、及び四十と比較せよ。

（一四）「エチカ」五部定理二十三、二十九、三十、三十一及び本書一部第二對話（八三頁以下）參照。

（一五）「知性改善論」一四、「エチカ」四部定理十八備考、定理三十二——三十七參照。

（一六）以下は書簡の形式になつてゐる。これは編輯者がスピノザの手紙を「短論文」の結語として利用したのであらう。

第一附錄

（一）この第一附錄は內容的には本書一部二章のそれとほゞ同じであるが、スピノザが自己の體系を幾何學的形式にまとめ上げようとした最初の試みである點に於て注目される。この附錄の形式並びに内容はオルデンブルクへの書簡の中の同封物に於て一歩前進し(解說參照)、更に「エチカ」の第一部として發展してゐる。

尙、この附錄が「エチカ」の第一部の初めの方とどんなに密接に關係してゐるかは、この附錄の公理一、三、四、五がそれぞれ「エチカ」第一部定理一、四、二、三に該當し、又この附錄の定理一、二、三、四がそれぞれ「エチカ」第一部定理五、六、八、七に該當してゐるのを見ただけでも明らかである。

(二) テキストには「樣態」でなく「偶有性」(toevallen)とあり、そして括弧の中に「樣態」(modificationes)と附加されてある。「樣態」の代りに「偶有性」(toevallen=accidentia)なるタームを用ひることはスピノザの初期にのみ見られることであつて、書簡集の初めにもよくこの語が用ひられてゐる。しかし後年には「樣態」の意味に於ける「偶有性」なるタームは全然用ひられなくなつた。

(三) 以下にも屢〻出て來る實的區別、樣態的區別なるタームについては「形而上學的思想」二部五章、デカルト原著「哲學原理」一の六〇、六一參照。

(四) この「區別される」(onderscheiden)は稿本や從來のテキストには「保持される」(houden)となつてをり、これでは結局、公理七は公理一の繰り返しとなるので、公理七の存在理由を疑つてゐる人も多かつた(ジグワルト、シャールシュミット、ウォルフ)。これに對しマイエルは次の定理一の證明に於けるこの公理の引用や第二附錄の著者註(二一八頁)と關連してこれを「區別される」(onderscheiden)でなければならぬとし、ゲプハルト版もこれに從つてゐる。

（五）稿本にも又從來のテキストにも公理三となつてゐるが、ゲプハルト版ではかつてベーメルが訂正したのに從ひ公理二と直してゐる。これの方が正しい。

（六）この系はスピノザの自然觀乃至神觀の要約であり、一部二章に述べられてある思想と同一である。

（七）ここ及びこの兩附錄の中には折々屬性の自立性なる思想が伺はれる。Erich Becher はスピノザが「短論文」の附錄及び書簡集の初期の時代に於て一時的ながら屬性の自立性を認めてゐたとしてゐる（一部七章への譯者註六に引用した Becher の著書の三四頁以下參照）。

第二附錄

（一）この附錄の內容をなす身體と精神の關係は本書二部序言註、二十章註等でも觸れられ、更に「エチカ」二部定理十一以下で展開させられてゐる。

（二）思惟の最も直接的な樣態とは觀念を指す。本書第二對話（八三頁）及びこの第二附錄（二一六頁）參照。

（三）以下に頻出する形相的、想念的なるタームについては本書一部一章譯者註八、「エチカ」一部譯者註二七參照。

（四）觀念と感情の關係については本書二部二章、十九章、「知性改善論」一〇九、「エチカ」

二部公理三参照。

（五）　二部序言及びこの第二附録の初めを指すものであらう。

（六）　この第二附録の初めを指すものであらう。

（七）　この個所及び以下は延長以外のすべての無限の屬性の樣態にも精神乃至觀念の存すること
とを理論的には認めた個所として注目される。

（八）　文字通りには「何故なら屬性自身その本質の主體であるから」とあり、やゝ難解な表現
である。

（九）　屬性にあつては存在は必然的にその本質から生ずることを言つたものである。

（一〇）　このプログラムは「エチカ」二部後半で展開されてゐる。

神《かみ》・人間及《にんげんおよ》び人間《にんげん》の幸福《こうふく》に関《かん》する短論文《たんろんぶん》
スピノザ著

1955年1月5日　第1刷発行
2023年4月5日　第10刷発行

訳　者　畠中尚志《はたなかなおし》

発行者　坂本政謙

発行所　株式会社 岩波書店
〒101-8002 東京都千代田区一ツ橋2-5-5

案内 03-5210-4000　営業部 03-5210-4111
文庫編集部 03-5210-4051
https://www.iwanami.co.jp/

印刷・精興社　製本・牧製本

ISBN 978-4-00-336159-7　Printed in Japan

読書子に寄す

——岩波文庫発刊に際して——

岩波茂雄

真理は万人によって求められることを自ら欲し、芸術は万人によって愛されることを自ら望む。かつては民を愚昧ならしめるために学芸が最も狭き堂宇に閉鎖されたことがあった。今や知識と美とを特権階級の独占より奪い返すことはつねに進取的なる民衆の切実なる要求である。岩波文庫はこの要求に応じそれに励まされて生まれた。それは生命ある不朽の書を少数者の書斎と研究室とより解放して街頭にくまなく立たしめ民衆に伍せしめるであろう。近時大量生産予約出版の流行を見る。その広告宣伝の狂態はしばらくおくも、後代にのこすと誇称する全集がその編集に万全の用意をなしたるか。千古の典籍の翻訳企図に敬虔の態度を欠かざりしか。さらに分売を許さず読者を繫縛して数十冊を強うるがごとき、はたしてその揚言する学芸解放のゆえんなりや。吾人は天下の名士の声に和してこれを推挙するに躊躇するものである。このときにあたって、岩波書店は自己の責務のいよいよ重大なるを思い、従来の方針の徹底を期するため、すでに十数年以前より志して来た計画を慎重審議この際断然実行することにした。吾人は範をかのレクラム文庫にとり、古今東西にわたって文芸・哲学・社会科学・自然科学等種類のいかんを問わず、いやしくも万人の必読すべき真に古典的価値ある書をきわめて簡易なる形式において逐次刊行し、あらゆる人間に須要なる生活向上の資料、生活批判の原理を提供せんと欲する。この文庫は予約出版の方法を排したるがゆえに、読者は自己の欲する時に自己の欲する書物を各個に自由に選択することができる。携帯に便にして価格の低きを最主とするがゆえに、外観を顧みざるも内容に至っては厳選最も力を尽くし、従来の岩波出版物の特色をますます発揮せしめようとする。この計画たるや世間の一時の投機的なるものと異なり、永遠の事業として吾人は微力を傾倒し、あらゆる犠牲を忍んで今後永久に継続発展せしめ、もって文庫の使命を遺憾なく果たさしめることを期する。芸術を愛し知識を求むる士の自ら進んでこの挙に参加し、希望と忠言とを寄せられることは吾人の熱望するところである。その性質上経済的には最も困難多きこの事業にあえて当たらんとする吾人の志を諒として、その達成のため世の読書子とのうるわしき共同を期待する。

昭和二年七月

《哲学・教育・宗教》〔青〕

ソクラテスの弁明・クリトン　プラトン　久保勉訳
ゴルギアス　プラトン　加来彰俊訳
饗宴　プラトン　久保勉訳
テアイテトス　プラトン　田中美知太郎訳
パイドロス　プラトン　藤沢令夫訳
メノン　プラトン　藤沢令夫訳
国家　全二冊　プラトン　藤沢令夫訳
プロタゴラス —ソフィストたち　プラトン　藤沢令夫訳
パイドン —魂の不死について　プラトン　岩田靖夫訳
アナバシス —敵中横断六〇〇〇キロ　クセノポン　松平千秋訳
アリストテレス　ニコマコス倫理学　全二冊　高田三郎訳
アリストテレス　形而上学　全二冊　出隆訳
アリストテレス　弁論術　戸塚七郎訳
アリストテレース　詩学　ホラーティウス　詩論　松本仁助・岡道男訳
物の本質について　ルクレーティウス　樋口勝彦訳
エピクロス —教説と手紙　出隆・岩崎允胤訳

生の短さについて　他二篇　セネカ　大西英文訳
怒りについて　他二篇　セネカ　兼利琢也訳
エピクテトス　人生談義　全二冊　國方栄二訳
マルクス・アウレーリウス　自省録　神谷美恵子訳
老年について　キケロー　中務哲郎訳
友情について　キケロー　中務哲郎訳
弁論家について　全二冊　キケロー　大西英文訳
キケロー書簡集　高橋宏幸編
エラスムス＝トマス・モア往復書簡　沓掛良彦・高田康成訳
方法序説　デカルト　谷川多佳子訳
哲学原理　デカルト　桂寿一訳
精神指導の規則　デカルト　野田又夫訳
情念論　デカルト　谷川多佳子訳
パンセ　全三冊　パスカル　塩川徹也訳
知性改善論　スピノザ　畠中尚志訳
スピノザ　エチカ（倫理学）　全二冊　畠中尚志訳
モナドロジー　他二篇　ライプニッツ　谷川多佳子・岡部英男訳

ハイラスとフィロナスの三つの対話　バークリ　戸田剛文訳
市民の国について　全二冊　ヒューム　小松茂夫訳
自然宗教をめぐる対話　ヒューム　犬塚元訳
人間機械論　ド・ラ・メトリ　杉捷夫訳
エミール　全三冊　ルソー　今野一雄訳
ルソー　告白　全三冊　桑原武夫訳
人間不平等起原論　ルソー　本田喜代治・平岡昇訳
ルソー　社会契約論　桑原武夫・前川貞次郎訳
政治経済論　ルソー　河野健二訳
学問芸術論　ルソー　前川貞次郎訳
演劇について —ダランベールへの手紙　ルソー　今野一雄訳
言語起源論 —旋律と音楽的模倣について　ルソー　増田真訳
ディドロ、ダランベール編　百科全書 —序論および代表項目　桑原武夫訳編
ディドロ　絵画について　佐々木健一訳
道徳形而上学原論　カント　篠田英雄訳
啓蒙とは何か　他四篇　カント　篠田英雄訳
純粋理性批判　全三冊　カント　篠田英雄訳

カント 実践理性批判 波多野精一・宮本和吉・篠田英雄訳
判断力批判 全二冊 カント 篠田英雄訳
永遠平和のために カント 宇都宮芳明訳
プロレゴメナ カント 篠田英雄訳
学者の使命・学者の本質 フィヒテ 宮崎洋三訳
シュライエルマッハー 独白 木場深定訳
哲学史序論 —哲学と哲学史 ヘーゲル 武市健人訳
ヘーゲル 政治論文集 全二冊 金子武蔵訳
歴史哲学講義 全二冊 ヘーゲル 長谷川宏訳
法の哲学 —自然法と国家学の要綱 ヘーゲル 上妻精・佐藤康邦・山田忠彰訳
自殺について 他四篇 ショウペンハウエル 斎藤信治訳
読書について 他二篇 ショウペンハウエル 斎藤忍随訳
知性について 他四篇 ショーペンハウエル 細谷貞雄訳
将来の哲学の根本命題 他二篇 フォイエルバッハ 松村一人・和田楽訳
不安の概念 キェルケゴール 斎藤信治訳
死に至る病 キェルケゴール 斎藤信治訳
体験と創作 全二冊 ディルタイ 柴田治三郎・小牧健夫訳

眠られぬ夜のために 全二冊 ヒルティ 草間平作・大和邦太郎訳
幸福論 全三冊 ヒルティ 草間平作・大和邦太郎訳
悲劇の誕生 ニーチェ 秋山英夫訳
ツァラトゥストラはこう言った 全二冊 ニーチェ 氷上英廣訳
道徳の系譜 ニーチェ 木場深定訳
善悪の彼岸 ニーチェ 木場深定訳
この人を見よ ニーチェ 手塚富雄訳
プラグマティズム W・ジェイムズ 桝田啓三郎訳
宗教的経験の諸相 全二冊 W・ジェイムズ 桝田啓三郎訳
純粋経験の哲学 W・ジェイムズ 伊藤邦武編訳
純粋現象学及現象学的哲学考案 全二冊 フッセル 池上鎌三訳
デカルト的省察 フッサール 浜渦辰二訳
愛の断想・日々の断想 ジンメル 清水幾太郎訳
ジンメル宗教論集 深澤英隆編訳
笑い ベルクソン 林達夫訳
道徳と宗教の二源泉 ベルクソン 平山高次訳
物質と記憶 ベルクソン 熊野純彦訳

時間と自由 ベルクソン 中村文郎訳
ラッセル教育論 安藤貞雄訳
ラッセル幸福論 安藤貞雄訳
存在と時間 全四冊 ハイデガー 熊野純彦訳
学校と社会 デューイ 宮原誠一訳
民主主義と教育 全二冊 デューイ 松野安男訳
歴史と自然科学・道徳の原理に就て・聖 『プレルーディエン』より ヴィンデルバント 篠田英雄訳
我と汝・対話 マルティン・ブーバー 植田重雄訳
アラン 幸福論 神谷幹夫訳
アラン 定義集 神谷幹夫訳
天才の心理学 E・クレッチュマー 内村祐之訳
英語発達小史 H・ブラッドリ 寺澤芳雄訳
日本の弓術 オイゲン・ヘリゲル述 柴田治三郎訳
饒舌について 他五篇 プルタルコス 柳沼重剛訳
ことばのロマンス —英語の語源 ウィークリー 寺澤芳雄・出淵博訳
人間 —シンボルを操るもの カッシーラー 宮城音弥訳
国家と神話 全二冊 カッシーラー 熊野純彦訳

岩波文庫の最新刊

カール・ポパー著／小河原誠訳

開かれた社会とその敵

第一巻　プラトンの呪縛(上)

ポパーは亡命先で、左右の全体主義と思想的に対決する大著を執筆した。第一巻では、プラトンを徹底的に弾劾、民主主義の基礎を解明していく。（全四冊）

〔青N六〇七-一〕　定価一五〇七円

シェイクスピア作／桒山智成訳

冬物語

妻の密通という〈物語〉にふと心とらわれたシチリア王は、猛烈な嫉妬を抱き……。シェイクスピア晩年の傑作を、豊かなリズムを伝える清新な翻訳で味わう。

〔赤二〇五-一二〕　定価九三五円

持田叙子編

安岡章太郎短篇集

安岡章太郎(一九二〇－二〇一三)は、戦後日本文学を代表する短篇小説の名手。戦時下での青春の挫折、軍隊での体験、父母への想いをテーマにした十四篇を収録。

〔緑二二八-一〕　定価一一〇〇円

……今月の重版再開……

宮崎安貞編録／貝原楽軒刪補／土屋喬雄校訂

農業全書

〔青三三-一〕　定価一一六六円

エラスムス著／箕輪三郎訳

平和の訴え

〔青六一二-一〕　定価七九二円

岩波文庫の最新刊

トマス・リード著／戸田剛文訳

人間の知的能力に関する試論（下）

概念、抽象、判断、推論、嗜好。人間の様々な能力を「常識」によって基礎づけようとするリードの試みは、議論の核心へと至る。（全二冊）

〔青N六〇六-二〕　**定価一八四八円**

藤岡洋保編

堀口捨己建築論集

茶室をはじめ伝統建築を自らの思想に昇華し、練達の筆により建築論を展開した堀口捨己。孤高の建築家の代表的論文を集録する。

〔青五八七-一〕　**定価一〇〇一円**

今枝由郎・海老原志穂編訳

ダライ・ラマ六世恋愛詩集

ダライ・ラマ六世(一六八三―一七〇六)は、二三歳で夭折したチベットを代表する国民詩人。民衆に今なお愛誦されている、リズム感溢れる恋愛詩一〇〇篇を精選。

〔赤六九-一〕　**定価五五〇円**

バジョット著／遠山隆淑訳

イギリス国制論（上）

イギリスの議会政治の動きを分析し、議院内閣制のしくみを描き出した古典的名著。国制を「尊厳的部分」と「実効的部分」にわけて考察を進めていく。（全二冊）

〔白一二二-二〕　**定価一〇七八円**

……今月の重版再開……

小林秀雄著

小林秀雄初期文芸論集

定価一二七六円

〔緑九五-一〕

ロバート・A・ダール著／高畠通敏、前田脩訳

ポリアーキー

定価一二七六円

〔白二九-一〕

定価は消費税 10% 込です　　2023. 3